全民阅读
中华优秀传统文化
经典系列

刘苍劲 丛书主编

菜根谭

明·洪应明 著

邓启铜 诸 华 注释

胡 冰 导读

毛峰 郭宇飞 配音

北京师范大学出版集团
BEIJING NORMAL UNIVERSITY PUBLISHING GROUP
北京师范大学出版社

图书在版编目(CIP)数据

菜根谭/邓启铜，诸华注释. —北京：北京师范大学出版社，
2019.1
（中华优秀传统文化经典系列）
ISBN 978-7-303-23069-3

Ⅰ.①菜… Ⅱ.①邓… ②诸… Ⅲ.①个人－修养－中国－明
代 ②《菜根谭》注释 Ⅳ.①B825

中国版本图书馆 CIP 数据核字(2017)第 289920 号

营 销 中 心 电 话　010-58805072　58807651
北师大出版社高等教育与学术著作分社　http://xueda.bnup.com

CAI GEN TAN

出版发行：北京师范大学出版社 www.bnup.com
　　　　　北京市海淀区新街口外大街 19 号
　　　　　邮政编码：100875
印　　刷：大厂回族自治县正兴印务有限公司
经　　销：全国新华书店
开　　本：787 mm×1092 mm　1/16
印　　张：15
字　　数：240 千字
版　　次：2019 年 1 月第 1 版
印　　次：2019 年 1 月第 1 次印刷
定　　价：40.00 元

策划编辑：祁传华　魏家坚　　　责任编辑：陈佳宵
美术编辑：王齐云　　　　　　　装帧设计：王齐云
责任校对：陈　民　　　　　　　责任印制：马　洁

继承和弘扬中华优秀传统文化
大力加强社会主义核心价值观教育

　　中华文化源远流长、灿烂辉煌。在五千多年文明发展中孕育的中华优秀传统文化，积淀着中华民族最深沉的精神追求，代表着中华民族独特的精神标识，是中华民族生生不息、发展壮大的丰厚滋养，是中国特色社会主义植根的文化沃土，是当代中国发展的突出优势，对延续和发展中华文明、促进人类文明进步，发挥着重要作用。

　　中共十八大以来，以习近平总书记为核心的党中央高度重视中华优秀传统文化的传承发展，始终从中华民族最深沉精神追求的深度看待优秀传统文化，从国家战略资源的高度继承优秀传统文化，从推动中华民族现代化进程的角度创新发展优秀传统文化，使之成为实现"两个一百年"奋斗目标和中华民族伟大复兴中国梦的根本性力量。习近平总书记指出："一个国家、一个民族的强盛，总是以文化兴盛为支撑的，中华民族伟大复兴需要以中华文化发展繁荣为条件。""中华传统文化博大精深，学习和掌握其中的各种思想精华，对树立正确的世界观、人生观、价值观很有益处。"

　　中华文化独一无二的理念、智慧、气度、神韵，增添了中国人民和中华民族内心深处的自信和自豪，也孕育培养了悠久的文化传统和富有价值的文化因子。传承发展中华优秀传统文化，就要大力弘扬讲仁爱、重民本、守诚信、崇正义、尚和合、求大同等核心思想理念，就要大力弘扬自强不息、敬业乐群、扶危济困、见义勇为、孝老爱亲等中华传统美德，就要大力弘扬有利于促进社会和谐、鼓励人们向上向善的思想文化内容。当前，我们强调培育和弘扬社会主义核心价值观，必须立足中华优秀传统文化，使中华优秀传统文化成为涵养社会主义核心价值观的重要源泉。核心价值理念往往与文化传统与文化积淀息息相关、一脉相承。社会主义核心价值观充分体现了对中华优秀传统文化的继承和升华。"富强、民主、文明、和谐，自由、平等、公正、法治，爱国、敬业、诚信、友善"的社会主义核心价值观，既深刻反映了社会主义中国的价值理念，更是五千年中华优秀传统文化的传承与发展。将中华优秀传统文化作为社会主义核心价值观教育的重要素材，以中华优秀传统文化涵养社会主义核心价值观，是明确文化渊源和民族文魄，树立文化自信和价值观自信，走好中国道路和讲好中国故事的必然要求。

2017年1月，中共中央办公厅、国务院办公厅印发了《关于实施中华优秀传统文化传承发展工程的意见》，将实施中华优秀传统文化传承发展工程上升到建设社会主义文化强国的重大战略任务的高度，力图在全社会形成重视中华优秀传统文化、学习弘扬中华优秀传统文化的氛围。由刘苍劲教授组织广东省上百位专家学者历时三年主编的这套"全民阅读·中华优秀传统文化经典系列"丛书，是广东省贯彻落实习近平总书记关于大力弘扬中华优秀传统文化系列讲话精神的重大举措，是具有广东特色、岭南气派的文化大工程。该套丛书真正体现了全民阅读的需要，每本经典都配有标准的拼音、专业的注释、精美的诵读，使不同阶层、不同文化、不同年龄、不同专业的中国人都可以读懂、读通、读透这些经典。通过客观、公正的导读指导，有机会阅读该丛书的读者都能够在阅读中华优秀传统文化经典中受到历史、政治、科学、人文、道德等多方面的启迪，在阅读中弘扬、在阅读中继承、在阅读中扬弃，从而实现树立社会主义核心价值观的目的。

该丛书质量精良，选题准确，导读科学，值得推荐，是为序。

刘苍劲

2018年6月

序

　　余过古刹，于残经败纸中拾得《菜根谭》一录。翻视之，虽属禅宗，然于身心性命之学，实有隐隐相发明者。亟携归，重加校雠，缮写成帙。旧有序，文不雅驯，且于是书无关涉语，故芟之。著是书者为洪应明，究不知其为何许人也。

乾隆五十九年二月二日，遂初堂主人识

山寺秋峦图

携琴访友图　明·周　官

周官

原序

戊子之秋，七月既望，余以抱病在山，禁足阅藏。适岫云琼公由京来顾，出所刻《菜根谭》命予为序，于是公自言其略曰："来琳初受近圆，即诣西方讲社，听教于不翁老人。参请之暇，老人私诚曰：'大德聪明过人，应久在律席，调伏身心，遵五夏之制，熟三聚之文，为菩提之本，作定慧之基，何急急以听教为哉？'居未几，不善用心，失血莫医。自知法缘微薄，辞翁欲还岫云。翁曰：'善，察尔因缘，在彼当大有振作，但恐心为事役，不暇研究律部。吾有一书，首题《菜根谭》，系洪应明著。其间有仁语义语、持身涉世、隐逸显达、迁善介节、禅机旨趣、学道见道等语，词约意明，文简理诣。设能熟习而励行之，其于语默动静之间，穷通得失之际，可以补过，可以进德，且近于律，亦近于道矣。今授于汝，宜知珍重。'尔时虽敬诺拜受，究不喻其为药石意也。洎回岫云历理常住事务，俱忝要职，当空花之在前，元由眼翳而莫辨，认水月以为实，本属天影而不知。由是心被境迁，神为力耗，不觉酿成大病，幸未及于尽耳。既微瘥间，无以解郁，因追忆往事，三复此书。乃悟从前事事皆非，深有负于老人授书时之心焉。惜是书行世已久，纸朽虫蠹，原板无从稽得，于是命工缮写，重付枣梨。请弁言于首，启迪天下后世，俾见闻读诵者身体力行，勿使如来琳老方知悔，徒自惭伤，是所望也！"

余闻琼公之说，抚卷叹曰："夫洪应明者，不知为何许人，其首命名题，又不知何所取义，将安序哉？"窃拟之曰：菜之为物，日用所不可少，以其有味也。但味由根发，故凡种菜者必要厚培其根，其味乃厚。似此书所说世味及出世味，皆为培根之论，可弗重欤？又古人云："性定菜根香。"夫菜根，弃物也，而其香非性定者莫知。如此书，人多忽之，而其旨唯静心沉玩者，方堪领会。是欤？否欤？既不能反质于原人，聊将以俟教于来哲。即此为序。

画栋珠帘烟水中，落霞孤鹜渺无踪
千年想见王南海，曾借龙王一阵风

晋昌唐寅为
德辅契兄先生作诗意
图

落霞孤鹜图　明·唐寅

题词

　　逐客孤踪，屏居蓬舍。乐与方以内人游，不乐与方以外人游也。妄与千古圣贤置辩于五经同异之间，不妄与二三小子浪迹于云山变幻之麓也。日与渔父、田夫朗吟唱和于五湖之滨、绿野之坳，不日与竞刀锥、荣升斗者交臂抒情于冷热之场、腥膻之窟也。间有习濂、洛之说者牧之，习竺、乾之业者辟之，为谭天、雕龙之辩者远之，此足以毕予山中伎俩矣。

　　适有友人洪自诚者，持《菜根谭》示予，且丐予序。予始诧诧然视之耳，既而彻几上陈编，屏胸中杂虑，手读之则觉：其谈性命直入玄微，道人情曲尽岩险。俯仰天地，见胸次之夷犹；尘芥功名，知识趣之高远。笔底陶铸，无非绿树青山；口吻化工，尽是鸢飞鱼跃。此其自得何如，固未能深信，而据所摘词，悉砭世醒人之吃紧，非入耳出口之浮华也。谭以"菜根"名，固自清苦历练中来，亦自栽培灌溉里得，其颠顿风波，备尝险阻，可想矣。洪子曰："天劳我以形，吾逸吾心以补之；天厄我以遇，吾高吾道以通之。"其所自警自力者，又可思矣。由是以数语弁之，俾公诸人人知菜根中有真味也。

三峰主人于孔兼题

木泾幽居图　明·文徵明

1

匡庐瀑布图　明·谢时臣

目 录

导　读　　胡　冰 1

修　省 11

应　酬 35

评　议 65

闲　适 95

概　论 123

竹林七贤图

汉殿论功图

导　读

胡　冰

　　《菜根谭》是明朝还初道人洪应明用格言形式收集编著的一部论述修养、人生、处世、出世的语录集，现存的有明刻版和清刻版。明刻版分前后两集，书名源于三峰主人于孔兼的题词，原版为日本内阁文库昌平坂学问所的藏本，据说当初刊载于明代高濂编辑的《雅尚斋遵生八笺》中。本书分前后两集，共五篇，前集225条，后集135条，共360条，分为修省篇、应酬篇、评议篇、闲适篇、概论篇（上海图书馆藏本为362条，中间数条有合并，结尾有数条新增）。清刻版以光绪丁亥年扬州藏经院木刻本为主，参以二十三年佛学书局排印本。其内容包括了修身、正德、处世、为官、治国、居家、求学、励志等，批判继承了儒、道、佛三家的思想，因此本书内容中出现了思想杂糅，甚至前后矛盾。虽然如此，却又巧妙地融合了儒、道、佛的生活智慧、审美情趣和处世哲学，对现代社会有重要的启示作用。《菜根谭》语言简练、雅俗兼采、意蕴深刻，回味悠长。对于个人的修身养性、为人处世有明确的指向，认为人的才华和修养必须通过艰苦磨炼获得。读完令人精神振奋、心境开阔，并且通俗易懂，因此有人认为"《菜根谭》既可供阳春白雪式的鉴赏，亦可供下里巴人式的闲谈"。

　　关于《菜根谭》的书名，有诸多解释。有学者认为"谭"通"谈"，其书名源于宋儒汪信民的一句名言："人咬得菜根，则百事可做"。朱熹在《朱子全书·学篇》中说"某观今人因不能咬菜根而至于违其本心者众矣，可不成哉！"明人于孔兼称"谭以菜根名，固自清苦历练中来，亦自栽培灌溉里得"。总而言之，《菜根谭》的书名通过朱熹、于孔兼等人的描述，是将人生的根本比作菜根，表达了"嚼得菜根则百事可做"的艰苦奋斗的思想。

本书写作的明末时期，理学与心学相互争辩，社会思想不能统一造成人心浮动，王阳明认为原因为"后世人心陷溺，祸乱相寻，皆由于圣学不明之故"。所以，他提倡圣学，以求达到"正人心、息正人心、息邪说"扭转颓败之风、匡救时弊的目标，他的"致良知"学说认为必须"存天理，去人欲"，如此才能明理，用个人意念来体悟为"圣人"之道。《菜根谭》中"内圣外王"的思想为理解本书表达的人生哲学的关键思想，是源于王阳明的"致良知"，且书中多次谈及天理与人欲的关系，"人欲路上甚窄"，"天理路上甚宽"；"欲路上事，毋乐其便而姑为染指"，"理路上事，毋惮其难而稍为退步"，认为士人在天理与人欲间的抉择将决定其人生境界。

一、修省篇

本篇共42个段落，每段话看似无逻辑关联，实际上是对"内圣"、"外王"的思想进行了层层递进的论述，并充分展现了儒释道三家对于个人修身以"社会本位、自然本位、心灵本位"思想杂合。其中心思想是，告诉读者要重视道义，加强个人修养，从而获得一个人立身的根本。这一篇章是本书的总纲，集道德理想、道德修习方式于一体。第一，告诉读者，修身需历经苦难，且人生的每一步都要小心谨慎，要从"烈火"中锻炼出来，要从"薄冰"中走过。第二，在修身中，要坚持善念，方能修成"正果"，必须让善念贯彻始终。第三，一动一静的修身养性理论，闲时要"检点"，动时要从"静里密操持"。第四，追求善的友道，要轻富贵、重名义。第五，生活要有智慧，取中庸之道，得失不用太在意，百折不回，才能领悟大道的真义。第六，做事要脚踏实地，不要看虚名，不要投机取巧，要务真务实。第七，行善积德，"立百福之基，只在一念慈祥"。

本篇可吸取的精华有：第一，立志对个人修身非常重要，并明确修身立志的方向是要做一个精神上有高追求的人。第二，精金美玉的品格的形成是需要经过千锤百炼的考验，"欲做精金美玉的人品，定从烈火中锻来；思立掀天揭地的事功，须向薄冰上履过"。第三，淡薄物欲，行善积德。"躯壳之我要看得破，则万有皆空"，"开万善之门，无如寸心挹损"。第四，修身立志，须身体力行，并注重修身方法。"言行相顾，心迹相符"，"从五更枕席上参勘心体，气未动，情未萌，才见本来面目"。

同时，本篇中的思想也有不足之处。负面之处有：第一，社会主义核心价值观提倡在个人层面的"友善"，与本篇中所论述的善心有差别。善的出发点不一样，本篇中的善为个人修身、立业建功的根本，用于统治个人的心灵，使得内圣外王的思想得到一个合理的立足点，而内对圣王的思想建立在以血缘为基础的宗法关系之上，社会主义核心价值观的友善主要是提倡人与人之间的良好关系，这种关系必须淡化传统的以血缘关系为主的社会关系，更多地要求陌生人之间交流和相处要"友善"。第二，行善、修德、处世取儒家中庸之道，主张有了善心，得到善报，获得"守成"，与当代社会需要的创新、发展观念相背离。第三，内圣是指儒家文化中所指的圣贤，要达到"出凡入圣"，必须采用儒家的修行方式，"以积货财之心积学问，以求功名之念求道德，以爱妻子之心爱父母，以保爵位之策保国家，出此入彼，念虑只差毫末，而超凡入圣，人品且判霄渊矣"，即"积学问、求功名、爱父母、保爵位"是超凡入圣的标准，功利主义明显，与社会主义核心价值观"爱国、敬业"的个人发展要求不符合。第四，存天理、灭人欲的观念与现代精神不符，主张修身的"自省"和"自觉"，"人欲从初起处剪除""天理自乍明时充拓"，这是传统社会中士大夫阶层安身立命的人生哲学思想的表现，要求人们安守本分，自觉遵守纲常名教的规定，这种思想的负面影响就是使人的思想被禁锢，人性被压抑，阻碍社会的发展与进步。

二、应酬篇

本篇共57个段落，主要讲述为人处世之道，《菜根谭》的处世之道将传统儒家道家和释家处世方面的哲学思想进行了融合，而且在实践中深入人心，广泛而持久地受到社会欢迎，包含了儒家的中庸之道、道家的知足常乐、佛家的圆融通达，而中庸之道为核心。"中庸"是孔子提出来的一个伦理哲学范畴，《论语·雍也》云："子曰，中庸之为德也，其至矣乎"，将其奉为"至德"。《菜根谭》的作者洪应明是一位历尽仕途人生，最后隐居山林的退休官僚，儒家的中庸思想对他有深刻的影响，在他自身的经历中，深刻体会了儒家的处世哲学中庸道的精奥，所以中庸思想处处鲜明地呈现在《菜根谭》中。第一，阐明为人处世须有悠闲镇定、飘逸宁静的情趣的人生态度。"操存要有真宰，无真宰则遇事便倒，何以植顶天立地之砥柱？应用要有圆机，无圆机则触物有碍，何以成旋乾转坤之经纶？""作人，无点真恳念头，便成个花子，事事皆虚涉世，无段圆活机趣，便是个木人，处处有碍。"人生在世，对任何事情都无真心诚意，那样便是花花公子，万事皆虚。但也不能没有圆和的机趣，没有圆和的机趣，那便成了木头人，就会处处受到阻碍。第二，荣辱不惊、处世稳重的辩证智慧。"士君子之涉世，于人不可轻为喜怒，喜怒轻，则心腹肝胆皆为人所窥；于物不可重为爱憎，爱憎重，则意气精神悉为物所制。"第三，一静一动的处世方略。"从静中观物动，向闲处看人忙，才得超尘脱俗的趣味；遇忙处会偷闲，处闹中能取静，便是安身立命的工夫。"第四，待人应事要不偏不倚，中庸而行。"待人而留有余，不尽之恩礼，则可以维系无厌之人心；御事而留有余，不尽之才智，则可以提防不测之事变。"第五，淡泊名利，求身心之高尚。"仕途虽赫奕，常思林下的风味，则权势之念自轻；世途虽纷华，常思泉下的光景，则利欲之心自淡。"第六，心怀慈悲之心，获得"天道"的回馈。"费千金而结纳贤豪，孰若倾半瓢之粟，以济饥饿之人；构千楹而招来宾客，孰若葺数椽之茅，以庇孤寒之士。"第七，处世灵活，做人真诚。"遇事只一味镇定从容，纵纷若乱丝，终当就绪；待人无半毫矫伪欺隐，虽狡如山鬼，亦自献诚。"

本篇可吸取的精华是为人处世的哲理，第一，心态良好，要不以物喜，不以己悲。第二，无为而无不为的做人之道，懂得做人要行事低调。第三，处世灵活，为人真诚。

本篇详述了为人处世之道，其中将儒家文化的为人处世之道与佛、道融合，用安分守己、执中用和，维系了中国传统社会的人际和谐与稳定，这也是维系封建统治秩序的重要手段，并形成了独特的处世文化，这种文化有利于社会的稳定、人际关系的稳定，但同时也造成了个人在人生道路中过分重视为人处世之道，将个人思维的重心放置在为人处世哲学的思考上，一个人从小就学会"事故"，这种思维的最大弊端就是使当代社会的民主、公平的观念难以推进，造成的后果就是人才的选拔不以"能力"论，而以"做人"论，放眼看当下社会，庸人占据要职，"关系"风气不止，就是这种为人处世哲学造成的负面影响。

三、评议篇

　　本篇共54个段落，进一步阐述《菜根谭》的人生观和价值观，认为修身养性为人生第一要务，在道德、功名、权力三者相比较时，道德的位置为根本。并将"修身为本"与传统儒家"修养成圣"等同，认为个人道德品质的修养是人最值得追求的，要人们做个好人，做个善人，身体力行。本篇在修身与事业功名、为学问道以及德才关系等方面进行了论述。第一，道义为重，名利为轻。"君子好名，便起欺人之念；小人好名，犹怀畏人之心。故人而皆好名，则开诈善之门。使人而不好名，则绝为善之路。此讥好名者，当严责君子，不当过求于小人也。"第二，道德意志的培养要学会"克治"。克治首先是"克己"，"克己"根本的是"以公克私"。克制个人的私欲，并学会从智慧和意志力两方面下手，一方面要求用道德智慧来分辨是非，另一方面要用坚强的道德意志力来克制自己的欲念，这实际上是将圣贤之道深化为一种"天理"。"爱是万缘之根，当知割舍。识是众欲之本，要力扫除"，"作人要脱俗，不可存一矫俗之心；应世要随时，不可起一趋时之念"。第三，正心制欲，重视个人的品德修养，认为应当谦虚求学，知足常乐。第四，宠辱不惊，存心养性。"荣与辱共蒂，厌辱何需求荣；生与死同根，贪生不必畏死"。第五，崇尚自然，守得平淡，不贪恋富贵，不攀附权贵。"姜女不尚铅华，似疏梅之映淡月；禅师不落空寂，若碧沼之吐青莲"，"富贵是无情之物，看得他重，他害你越大；贫贱是耐久之交，处得他好，他益你反深。故贪商羽而恋金谷者，竟被一时之显戮；乐箪瓢而甘敝缊者，终享千载之令名"，"翠筱傲严霜，节纵孤高，无伤冲雅；红蕖媚秋水，色虽艳丽，何损清修。贫贱所难，不难在砥节，而难在用情；富贵所难，不难在推恩，而难在好礼"。第六，忧患意识，懂得用辩证思维看待人生福祸。"天欲祸人，必先以微福骄之，所以福来不必喜，要看他会受；天欲福人，必先以微祸儆之，所以祸来不必忧，要看他会救。"第七，要培养生活的情趣，修身要懂得有所为和有所不为。"琴书诗画，达士以之养性灵，而庸夫徒赏其迹象；山川云物，高人以之助学识，而俗子徒玩其光华。可见事物无定品，随人识见以为高下。故读书穷理，要以识趣为先。"第八，认为存心养性后，福报会自来，"福善不在杳冥，即在食息起居处牖其衷"。

本篇可吸取的精华有：第一，品德修养要在生活中培育，看重道义，轻名利；正心制欲；培育生活情趣。第二，懂得辩证地看待福祸的关系，要有居安思危的忧患意识。第三，不要追名逐利，要追求个人品德的提升。第四，积善行德，不做坏事。

社会主义核心价值观不但包含个人、社会层面，还包含国家层面，在本篇中，主要讲述了个人品德的修养，认为个人品德修养是从外到内的事情，这些观念是传统儒家思想的延续，是自然经济、封闭自守的农业文明的产物，不能站在社会的发展宏大背景中看待个人品德的全部内容，因此其品德的内容是狭隘的，修养的方式是不完整的，因此在吸取其可用元素的时候，要加入社会主义核心价值观中的宏大内容，品德的修养不仅要从外到内，也要从内到外，实现真正的"知行合一"。

四、闲适篇

本篇共50个段落，主要讲述安分守己、知足常乐的生活态度。本篇讲述的人生态度与儒家提倡的"出仕"观有所不同，佛道思想中的消极无为占主要内容。这与《菜根谭》的读者群体有关，《菜根谭》写作之初的主要读者为下层的平民百姓，对于平民百姓而言，安分守己、知足常乐才有利于统治阶级。梁漱溟认为中国老百姓的生活态度有问题，即总是偏于阴柔坤静，"实际上人生一般态度皆黄老气"。虽然在《菜根谭》这一篇章中包含儒、释、道思想，但通读全文后，体会更多的则是如梁先生所说的黄老之气。孔子认为圣人的理想人格应该达到"内圣外王"的境界，但对于一般老百姓来说，由于人对自然的认识有限，生产力落后，自然环境有时恶劣，一方面"靠天吃饭"成为普遍的认识，"有一求必应"的佛教信仰给了他们一点生活的信心和灵魂的慰藉；另一方面，处于最底层的老百姓没有任何权利保障，黄老的观念有利于他们找到自己的生存之道，安分守己、知足常乐、克己忍让成了实际生活中老百姓的主要生活态度。如"一场闲富贵，狠狠争来，虽得还是失；百岁好光阴，忙忙过了，纵寿亦为夭"，"红烛烧残，万念自然厌冷；黄粱梦破，一身亦似云浮"，"红烛烧残，万念自然厌冷；黄粱梦破，一身亦似云浮"，"会心不在远，得趣不在多。盆池拳石间，便居然有万里山川之势，片言只语内，便宛然见万古圣贤之心，才是高士的眼界，达人的胸襟"，"夜眠八尺，日啖二升，何须百般计效？书读五车，才分八斗，未闻一日清闲"，这些句子皆反映了作者的"安分守己、知足常乐"的人生态度。

本篇可吸取的精华有：第一，知足常乐的人生态度。第二，克己忍让、心平气和的处世原则，"与人不可太分明，一切善恶贤愚要包容"。第三，严于律己，宽以待人。当代社会中有一些人易心浮气躁，名利心重，读一读这些句子很有益处。

本篇中的人生态度有消极之势，第一，安分守己的宿命论，有迷信色彩。第二，安分守己是让老百姓安于尊卑上下的位置，这是维持宗法等级制度的需要，是"不平等"观念的思想依托。第三，认为努力无用，消极悲观。"世事如棋局，不著的才是高手；人生似瓦盆，打破了方见真空"，"闲观扑纸蝇，笑痴人自生障碍；静觇竞巢鹊，叹杰士空逞英雄"，"看破有尽身躯，万境之尘缘自息；悟入无坏境界，一轮之心月独明"。社会主义核心价值倡导平等、自由，与这种消极无为思想相反。

五、概论篇

本篇共204个段落，是《菜根谭》最长的一个篇章，也是其思想最集中的一处，是上述篇章内容的延续和强化。主要内容有：第一，重视个人道德品质的培养，追求善道。"栖守道德者，寂寞一时依阿权势者，凄凉万古。达人观物外之物，思身后之身，宁受一时之寂寞，毋取万古之凄凉"，追求善道的目的是，趋利避害，相信因果报应并且畏惧鬼神谋福求利，以图改变自己的命运。"合体光明，暗室中有青天念头暗昧，白日下有厉鬼"，"有一念犯鬼神之禁，一言而伤天地之和,一事而酿子孙之祸者，最宜切戒"。第二，追求善道要求心怀善念，并身体力行。"心者，后裔之根，未有根不植而枝叶荣茂者"，"为善不见其益，如草里冬瓜自应暗长为恶不见其损，如庭前春雪当必潜消"，这里将生活伦理思想外化为处世的原则，并以奖善惩恶的神明权威来逼迫人们向善。第三，为恶的根源在于贪恋名利，交游不慎，贪得无厌，要为善就要抛弃名利的束缚，才能做一个好人。"好利者，逸出于道义之外，其害显而浅好名者，窜入于道义之中，其害隐而深"，"子弟者，大人之胚胎，秀才者，士大夫之胚胎。此时若火力不到，陶铸不纯，他日涉世立朝，终难成个令器"，"教弟子如养闺女,最要严出入谨交游。若一接近匪人，是清静田种下一不净的种子，便终身难植嘉禾矣"。第四，为善的动机比结果更重要，"善欲人见，不是真善"，"为善而急人知，善处即是恶根"。第五，道德修养需积极践行，并认为这是一生都要去做的事。"德者事业之基，未有基不固而栋宇坚久者"。第六，制欲正心，克制私欲，谦虚求学。"降魔者，先降自心，心伏，则群魔，退听驭横者，先驭此气，气平，则外横不侵"，"胜私制欲之功，有曰识不早，力不易者有曰识得破，忍不过者。盖识是一颗照魔的明珠，力是一把斩魔的慧剑，两不可少也"，"学者有段兢业的心思，又有段潇洒的趣味。若一味敛束清苦，是有秋杀无春生，何以发育万物"，"无风月花柳不成造化，无情欲嗜好不成心体。只以我转物，不以物役我，则嗜欲莫非天机，尘情即是理境矣"。第七，要磨炼意志，做一个正直诚信的人。"把握未定，宜绝迹尘嚣，使此心不见可欲而不乱，以澄悟吾静体；操持即坚，又当混迹风尘，使此心见可欲而亦不乱，以养吾圆机"，"君子处患难而不忧，当宴游而惕虑；遇权豪而不惧，对茕独而惊心"，"横逆困穷是锻炼豪杰的一副炉锤，能受其锻炼则身心交益，不受其锻炼则身心交损"。第八，修身养性内含了民本思想，认为君主要做一个贤明的人，一个有责任感的人，好的君王要懂得不断进行自我提高和有以天下为己任的责任心。"就一身了一身者，方能以万物付万物；还天下于天下者，方能出世间于世间"，"大人不可不畏，畏大人则无放逸之心；小民亦不可不畏，畏小民则无豪横之名"。第九，生活中的辩证智慧，"居逆境中，周身皆针砭药石，砥节砺行而不觉；处顺境中，满前尽兵刃戈矛，销膏靡骨而不知"。看待人生的顺逆也要有辩证的观点，身处逆境中能够自强不息奋发上进，一旦时机成熟，逆可能转顺。虽在顺境，但若游手好闲没有远大的追求，顺也可变逆，"泛驾之马，可就驰驱；跃冶之金，终归型范。只一优游不振，便终身无个进步"。第十，乐观的人生态度。要保持良好的心态，生活要积极阳光，才能获得健康的身体，乐观者能从容应付生活险境，掌握自己的命运，即使生活很苦，也要以苦为乐。"疾风怒雨，禽鸟戚戚；霁日光风，草木欣欣。可见天地不可一日无和气，人心不可一日无喜神"，"乐处乐非真乐，苦中乐得来，才是心体之真机"。第十一，多行善事，获得善报。"心体光明，暗室中有青天；念头暗昧，白日下有厉鬼"，"有一念犯鬼神之禁，一言而伤天地之和，一事而酿子孙之祸者，最宜切戒。""心者，后裔之根，未有根不植而枝叶荣茂者"。第十二，进一步强调为人处世的中庸之道，"念头浓者，自待厚，待人亦厚，处处皆浓念头淡者，自待薄，待人亦薄，事事皆淡。故君子居常嗜好，不可太浓艳，亦不宜太枯寂"，"中和为福，偏激为祸"。第十三，提倡道家的"道法自然"，告诉读者要安贫乐道，快乐生活。"天地有万一占，此身不再得人生只百年，此日最易过。幸生其间者，不可不知有生之乐，亦不可不怀虚生之忧。"

本篇是全书思想的集中，儒家、佛家、道家思想在这里融合，其中许多句子成为传统文化中的名言警句，如"宠辱不惊，闲看庭前花开花落；去留无意，漫随天外云卷云舒"。本篇可吸取的精华有：第一，倡导民本思想、与人为善。第二，动静相辅的修身方法。第三，知行合一的积极修身方法。第四，知足常乐的良好心态。第五，道德培育的生活化方式。

《菜根谭》中蕴含了诸多人生哲学、处世之道，虽综合了儒佛道优点，也保留了其缺点，有明显的时代局限性。第一，没有法治观念。由于生产力落后，自然经济条件下，人的思维简单而又封闭，如认为人如果能读书、能守法、不侥幸、不滥交，那为恶的事也自然没有了，这种观点显然不适应当代复杂的社会环境。社会主义核心价值观倡导法治，对"恶"的治理，必须依照"法"，在整个《菜根谭》中，没有谈及法治思想，简单地认为"道德万能"，明显受儒家性善论影响，是对人性和复杂社会的误读，不仅与现代治理方式不符，也不利于个人正确看待世界和社会。第二，功利性道德观，认为个人修养提升，可以成就为"君子"，可以"流芳百世"，是一种个人名利的"功利主义"，这种思想的危害就是，有才能的人因受"君子"观念的束缚，不能有效发挥才能，不能更好地为社会、为国家服务。第三，将中庸之道生活化，将道法自然运用于为人处世之中，无形之中引导人们做"庸人"比做"能人"更好，不利于人才的培育，也不利于"公正"意识的培育。第四，讲述"因果报应"，有迷信色彩。第五，缺乏开拓进取的勇气，不利于"创新"意识的培育。在闲适篇中的消极无为的人生观与本篇中的积极阳光表面上有矛盾，实质上没有，消极无为是指老百姓要安守本分，积极阳光并不是要奋发图强，而是要保持安守本分的好心态，不与人争，看淡名利，安享幸福。

踏雪行吟图 明·周臣

修
省①

①修省：修身反省。唐代薛用弱《集异记·凌华》："谪官圜扉，伺其修省，既迷所履，太乖乃心。"

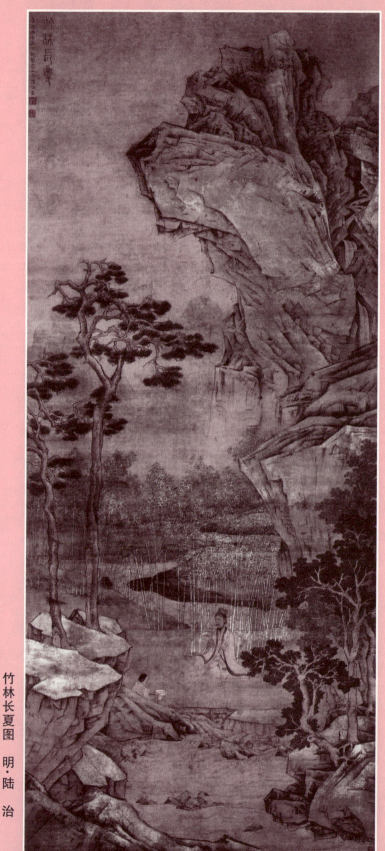

竹林长夏图　明·陆　治

❶ 欲做精金美玉的人品①，定从烈火中锻来②；思立掀天揭地的事功③，须向薄冰上履过④。

❷ 一念错⑤，便觉百行皆非⑥，防之当如渡海浮囊⑦，勿容一针之罅漏⑧；万善全，始得一生无愧，修之当如凌云宝树⑨，须假众木以撑持⑩。

注释：①**精金美玉**：比喻纯洁完美的人或事物。宋代苏轼《答黄鲁直书》之一："轼笑曰：'此人如精金美玉，不即人而人即之，将逃名而不可得，何以我称扬为?'"**人品**：人的品格。南朝梁沈约《奏弹王源》："源虽人品庸陋，胄实参华。"②**锻**：打铁，锻造。这里指在艰难困苦中经受考验。③**掀天揭地**：犹言翻天覆地。比喻声势浩大或本领高强。宋代辛敤《〈寇忠愍诗集〉后序》："莱公两朝大臣，勋业之盛，掀天揭地。"**事功**：功绩，功业。④**须向薄冰上履过**：语出《诗经·小雅·小旻》："战战兢兢，如临深渊，如履薄冰。"⑤**一念错**：一闪念的差错（多指因此引起严重的后果）。⑥**百行**：各种行为。《诗经·卫风·氓》郑玄笺："士有百行，可以功过相除。"⑦**浮囊**：渡水用的气囊。⑧**罅漏**：裂缝和漏穴。⑨**凌云**：直上云霄。⑩**假**：借。

小旻图

3 忙处事为①，常向闲中先检点，过举自稀②；动时念想，预从静里密操持，非心自息③。

4 为善而欲自高胜人④，施恩而欲要名结好⑤，修业而欲惊世骇俗⑥，植节而欲标异见奇⑦，此皆是善念中戈矛，理路上荆棘⑧，最易夹带，最难拔除者也。须是涤尽渣滓⑨，斩绝萌芽，才见本来真体⑩。

注释：①事为：作为，行为。明代方孝孺《戆窝记》："君居其名，师其道，言论事为必有卓乎越于世者。"②过举：错误的行为。③非心：邪念。《书·冏命》："绳愆纠谬，格其非心。"④高胜：高明优异。欲自高胜人即想把自己当作高明优异的人之意。⑤要：通"邀"。结好：交结，亲近。⑥修业：建功立业。惊世骇俗：指言行异于寻常而使世俗震惊。宋代王安石《余姚县海塘记》："今世吏者，其愚也固不知所为，而其所谓能者，务出奇为声威，以惊世震俗。"⑦植节：树立节操。见：通"现"。⑧理路：道理。明代谢榛《四溟诗话》卷一："诗有辞前意，辞后意。……宋人必先命意，涉于理路，殊无思致。"⑨涤：清除。⑩真体：真实的本体。南朝梁萧统《解二谛义》："又谘真寂之体，本自不流，凡夫见流，不离真体，然而但有一真，不成二谛。"

卧云草堂图　明·蓝瑛

5 能轻富贵[1]，不能轻一轻富贵之心；能重名义[2]，又复重一重名义之念[3]。是事境之尘氛未扫[4]，而心境之芥蒂未忘[5]。此处拔除不净，恐石去而草复生矣。

6 纷扰固溺志之场[6]，而枯寂亦槁心之地[7]。故学者当栖心玄默[8]，以宁吾真体[9]。亦当适志恬愉[10]，以养吾圆机[11]。

注释：①轻：轻视。②重：重视。③念：心念，念头。④事境：外在的事务境界。尘氛：尘俗的气氛。唐代牟融《题孙君山亭》："长年乐道远尘氛，静筑藏修学隐论。"⑤芥蒂：梗塞的东西。比喻积在心中的嫌隙或不快。⑥纷扰：纷乱骚扰。《后汉书·鲜卑传》："关东纷扰，道路不通。"溺志：使心志沉沦荒没。《礼记·乐记》："郑音好滥淫志，宋音燕女溺志。"⑦槁：摧残。⑧栖心：犹寄心。玄默：谓沉静不语。⑨以：连词，表目的。宁：息宁，安宁。吾：指自己。⑩恬愉：快乐。⑪圆机：指见解言行超脱是非，能够圆通机变。

抚孤松而盘桓图　明·李　在

7 昨日之非不可留，留之则根柢复萌①，而尘情终累乎理趣②；今日之是不可执③，执之则渣滓未化④，而理趣反转为欲根⑤。

8 无事便思有闲杂念想否，有事便思有粗浮意气否，得意便思有骄矜辞色否⑥，失意便思有怨望情怀否⑦。时时检点，到得从多入少、从有入无处，才是学问的真消息⑧。

注释：①根柢：草木的根。柢即根。这里指事情的根源。②尘情：犹言凡心俗情。累：牵累，连累。理趣：义理情趣。③执：固执，坚守。④化：消除。⑤欲根：贪欲的根源。⑥矜：骄傲。⑦怨望：怨恨，心怀不满。汉代贾谊《过秦论》中："百姓怨望，而海内叛矣。"⑧消息：奥妙；真谛；底细。元代无名氏《赚蒯通》第三折："形骸土木心无奈，就中消息谁能解？"

春风得意·杨柳青木版年画

9 士人有百折不回之真心①，才有万变不穷之妙用。

10 非盘根错节，何以别攻木之利器②？非贯石饮羽③，何以明射虎之精诚？非颠沛横逆④，何以验操守之坚定？

注释：①百折不回：折指挫折。比喻意志坚强，无论受到多少次挫折，毫不动摇退缩。汉代蔡邕《太尉桥玄碑》："其性庄，疾华尚朴，有百折不挠、临大节而不可夺之风。"②"非盘根"二句：《后汉书·虞诩传》："不遇盘根错节，何以别利器乎？"③"非贯石"二句：《史记·李将军列传》："（李）广出猎，见草中石，以为虎而射之，中石没镞。视之石也。"贯石，穿石。饮羽，箭深入所射物体，即中箭。羽，箭尾上的羽毛。④颠沛：困顿挫折。横逆：犹横祸，厄运。

霸陵尉呵止李广 清·周慕桥

11 lì yè jiàn gōng shì shì yào cóng shí dì zhuó jiǎo
立业建功，事事要从实地著脚①，ruò shǎo mù shēng wén biàn chéng wěi guǒ jiǎng dào xiū
若少慕声闻②，便成伪果；讲道修
dé niàn niàn yào cóng xū chù lì jī ruò shāo jì gōng
德，念念要从虚处立基③，若稍计功
xiào biàn luò chén qíng
效④，便落尘情。

12 shēn bù yí máng ér máng yú xián xiá zhī shí
身不宜忙，而忙于闲暇之时，yì kě jǐng tì duò qì xīn bù kě fàng ér fàng yú
亦可警惕惰气；心不可放，而放于
shōu shè zhī hòu yì kě gǔ chàng tiān jī
收摄之后⑤，亦可鼓畅天机⑥。

注释：①著：同"着"。②声闻：名声。③念念：一个心念接一个心念，每一个心念。北齐颜之推《颜氏家训·归心》："若有天眼，鉴其念念随灭，生生不断，岂可不怖畏邪！"④功效：成效。宋朝苏轼《圣散子后序》："圣散子主疾，功效非一。"⑤收摄：犹管束。⑥鼓畅：鼓动并使畅达。

临宋人画之闲居图 明·仇英

13 钟鼓体虚，为声闻而招撞击①；麋鹿性逸，因豢养而受羁縻②。可见名为招祸之本，欲乃散志之媒，学者不可不力为扫除也。

14 一念常惺③，才避去神弓鬼矢；纤尘不染，方解开地网天罗④。

注释：①声闻：声音传扬。②豢养：喂养。羁縻：拘禁。③惺：清醒。④地网天罗：天空地面遍张罗网。比喻严密包围，难以逃脱。《大宋宣和遗事》前集："才离阴府恓惶难，又值天罗地网灾。"

金陵十八景图之摄山　明·文伯仁

⑮ 一点不忍的念头，是生民生物之根芽；一段不爱的气节①，是撑天撑地之柱石。故君子于一虫一蚁不忍伤残，一缕一丝勿容贪冒②，便可为民物立命，为天地立心矣③。

⑯ 拨开世上尘氛，胸中自无火炎冰兢④；消却心中鄙吝⑤，眼前时有月到风来。

注释：①爱：此为贪恋之义。②贪冒：贪得，贪图财利。③立心：树立准则。宋朝张载《论语说》："为天地立心，为生民立命，为往圣继绝学，为万世开太平。"宋代周密《癸辛杂识续集·道学》："故为之说曰：为生民立极，为天地立心，为万世开太平，为前圣继绝学。"④冰兢：《诗经·小雅·小旻》："战战兢兢，如履薄冰"。后以"冰兢"表示恐惧、谨慎之意。⑤鄙吝：形容心胸狭窄。

唐人诗意图之停车坐爱枫林晚　明·陆治

17 穷理尽妙，钩深出重渊之鱼①，进道忘劳，致远乘千里之马②。

18 学者动静殊操③，喧寂异趣，还是锻炼未熟，心神混淆故耳。须是操存涵养④，定云止水中有鸢飞鱼跃的景象⑤，风狂雨骤处有波恬浪静的风光⑥，才见处一化齐之妙。

注释：①钩深：谓能钩取深处之物。重渊：深渊。②致远：行于远方，到达远方。《墨子·亲士》："良马难乘，然可以任重致远。"③殊操：操行不同。④操存：执持心志，不使丧失。《朱子全书》："为学之要，只在着实操存，密切体认自己身心上理会。"涵养：修身养性。宋代朱熹《答余子融书》："就平易明白切实处玩索涵养，使心地虚明。"⑤鸢飞鱼跃：《诗经·大雅·旱麓》："鸢飞戾天，鱼跃于渊。"⑥"风狂雨骤"句：辛弃疾《念奴娇·和信守王道夫席上韵》："风狂雨横，是邀勒园林，几多桃李。"唐代薛莹《郑德璘传》："物触轻舟心自知，风恬浪静月光微。"

唐人诗意图之流水断桥人唤渡　明·陆治

19 心是一颗明珠，以物欲障蔽之，犹明珠而混以泥沙，其洗涤犹易；以情识衬贴之①，犹明珠而饰以银黄②，其涤除最难。故学者不患垢病，而患洁病之难治③；不畏事障④，而畏理障之难除⑤。

20 躯壳之我要看得破⑥，则万有皆空，而其心常虚，虚则义理来居；性命之我要认得真⑦，则万理皆备，而其心常实，实则物欲不入。

注释：①衬贴：衬托，陪衬。②银黄：白银和黄金。③洁病：过分讲究清洁的一种心理病态。宋朝季裕《鸡肋编》："（米芾）有好洁之癖……久之，亦自迁坐于众宾之间，乃知洁疾非天性也。"④事障：指为物欲所蒙蔽。⑤理障：指不明事理，偏执谬见。《圆觉经》："云何二障？一者理障，碍正知见；二者事障，续诸生死。"⑥躯壳：指身体，对精神而言。宋代孔武仲《松上老藤》："蛇蟠筋脉壮，龙死躯壳在。"⑦性命：生命。《荀子·哀公》："故知既已知之矣……则若性命肌肤之不可易也。"

竹西草堂图 元·张渥

21
miàn shàng sǎo kāi shí céng jiǎ　méi mù cái wú kě zēng
面上扫开十层甲①，眉目才无可憎②；
xiōng zhōng dí qù shù dǒu chén　yǔ yán fāng jué yǒu wèi
胸中涤去数斗尘③，语言方觉有味。

22
wán dé xīn shàng zhī běn lái　fāng kě yán liǎo xīn
完得心上之本来，方可言了心④；
jìn dé shì jiān zhī cháng dào　cái kān lùn chū shì
尽得世间之常道，才堪论出世。

注释：①十层甲：《开元天宝遗事》载唐进士杨光远干谒权贵，厚颜无耻，为时人所鄙，称其"惭颜厚如十重铁甲"。②唐代韩愈《送穷文》："凡所以使吾面目可憎，语言无味者，皆子之志也。"③数斗尘：指令人难食之物。数斗，极言其多。《新唐书·权怀恩传》："（权怀恩）擢万年令。赏罚明，见恶辄取。时语曰：'宁饮三斗尘，无逢权怀恩。'"这里当比喻抑郁之气。宋代王炎《夜半闻雨再用前韵》："抖擞胸中三斗尘，强欲哦吟无好语。"一说指各种欲念。④了心：即了悟之心，佛教以明心见性为了悟。

人物故事图之竹院品古　明·仇英

23

23　　我果为洪炉大冶，顽金钝铁，何患不可陶镕①；我果为巨海长江，横流污渎②，何患不能容纳。

24　　白日欺人，难逃清夜之愧赧③；红颜失志④，空贻皓首之悲伤⑤。

注释：①陶镕：亦作陶熔。陶铸熔炼。②污渎：死水沟。③愧赧：因羞惭而面红耳赤。④红颜：指年轻人的红润脸色。⑤贻：遗留，致使。皓首：白头，白发。谓年老。

唐人诗意图之请看石上藤萝月　明·陆　治

25 以积货财之心积学问，以求功名之念求道德，以爱妻子之心爱父母，以保爵位之策保国家。出此入彼，念虑只差毫末，而超凡入圣①，人品且判星渊矣②。人胡不猛然转念哉？！

26 立百福之基，只在一念慈祥；开万善之门，无如寸心挹损③。

注释：①超凡入圣：凡，指凡人，普通人。超越平常人而达到圣贤的境界。形容学识修养达到了高峰。唐代吕岩《七言》诗："举世若能知所寓，超凡入圣弗为难。"②判：区别。星渊：犹天渊。喻差别大。③无如：不如，比不上。挹损：谦逊。

朱寿昌弃官寻母图　清·王　素

㉗ 恣口体①，极耳目，与物瞿铄②，人谓乐而苦莫大焉；隳形骸③，泯心智④，不与物伍，人谓苦而乐莫至焉。是以乐苦者苦日深，苦乐者乐日化。

㉘ 塞得物欲之路，才堪辟道义之门⑤；弛得尘俗之肩，方可挑圣贤之担。

注释：①口体：口和腹，口和身体。《孟子·离娄上》："此所谓养口体者也。若曾子则可谓养志也。"②瞿：通"瞿"。③隳：毁坏，废弃。④泯：消灭，消除。⑤辟：开辟。

芳园独乐图　明·沈　周

29 融得性情上偏私①，便是一大学问；消得家庭内嫌隙②，便是一大经纶③。

30 功夫自难处做去者，如逆风鼓棹④，才是一段真精神；学问自苦中得来者，似披沙获金⑤，才是一个真消息。

注释：①偏私：袒护私情，不公正。《尹文子·大道下》："故仁者所以博施于物，亦所以生偏私。"②嫌隙：因猜疑或不满而产生的恶感、仇怨。《三国志》："今以眭眦之恨，乃成嫌隙。"③经纶：整理丝缕、理出丝绪和编丝成绳，统称经纶。引申指治理大事。④鼓棹：划桨。《晋书·陶称传》："鼓棹渡江二十余里。"⑤披沙：淘去泥沙。

猗兰室图　明·文徵明

31 执拗者福轻，而圆融之人其禄必厚^①；操切者寿夭^②，而宽厚之士其年必长。故君子不言命，养性即所以立命；亦不言天，尽人自可以回天^③。

32 才智英敏者，宜以问学摄其躁；气节激昂者，当以德性融其偏。

注释：①圆融：佛教语。破除偏执，圆满融通。②操切：办事过于急躁。寿夭：即短命。③人：通"仁"。一说指尽自己和他人的天性。回天：喻力量之大，能左右或扭转难以挽回的局势。

悟阳子养性图　明·唐　寅

33 云烟影里现真身①，始悟形骸为桎梏②；禽鸟声中闻自性③，方知情识是戈矛。

34 人欲从初起处剪除，便似新刍遽斩④，其功夫极易；天理自乍明时充拓，便如尘镜复磨⑤，其光彩更新。

注释：①**真身**：佛教认为为度脱众生而化现的世间色身。唐代慧能《坛经·付嘱品》："十一月，广、韶、新之郡官僚洎门人僧俗，争迎真身，莫决所之。"②**形骸**：人的躯体。《庄子》："汝方将忘汝神气，堕汝形骸，而庶几乎？"③**自性**：佛教指诸法各自具有的不变不灭之性。④**刍**：草。**遽**：速。⑤**尘镜**：积有灰尘的镜子。古时镜子用铜等金属制作，放久了大多要重新磨拭才好用。（南朝·梁）萧纶《代秋胡妇闺怨诗》："尘镜朝朝掩，寒衾夜夜空。"

临宋人画之观镜　明·仇英

35 一勺水便具四海水味,世法不必尽尝;千江月总是一轮月光,心珠宜当独朗。

36 得意处论地谈天①,俱是水底捞月②;拂意时吞冰啮雪③,才为火内栽莲④。

注释:①"得意处"句:元代无名氏《博望烧屯》第三折:"诸葛妙策占星斗,谈天论地应难有。"②"俱是"句:明朝王守仁《传习录》:"若要去霞灰黍粒中求元声,却如水底捞月。"③拂意:不如意。吞冰啮雪:用苏武典。《汉书·苏武传》载苏武不降,没有食物饮水,"天雨雪,武卧啮雪。"④火内栽莲:《维摩诘经·佛道品》:"火中生莲花,是可谓稀有。"

金盆捞月图 明·佚名

37 事理因人言而悟者①，有悟还有迷，总不如自悟之了了②；意兴从外境而得者③，有得还有失，总不如自得之休休④。

38 言行相顾，心迹相符，终始不二，幽明无间，易世俗所难，缓时流之急，置身于千古圣贤之列，不屑为随波逐浪之人⑤。

注释：①事理：事物的道理。《管子·版法解》："慎观终始，审察事理。"②了了：明白，清楚。③意兴：兴致。《警世通言·王娇鸾百年长恨》："生见其三回五转，意兴已倦。"④休休：安闲貌，安乐貌。⑤随波逐浪：即随波逐流。比喻无原则、无立声地与世相浮沉。《史记·屈原贾生列传》："夫圣人者，不凝滞于物而能与世推移。举世混浊，何不随其流而扬其波？"

屈原卜居图　清·黄应谌

39 欲遇变而无仓忙，须向常时念念守得定；欲临死而无贪恋，须向生时事事看得轻。

40 尘许栴檀彻底香①，勿以微善而起略退之念；毫端鸩血同体毒②，莫以细恶而萌无伤之芽。

注释：①彻底香：香木名，其香气形成有一个过程。《观佛三昧海经一》："牛头栴檀虽生此林，未成就故，不能发香；仲秋月满，卒从出地，成栴檀树，众人皆闻牛头栴檀之香。"②鸩：传说中的一种毒鸟。以羽浸酒，饮之立死。《楚辞·离骚》："吾令鸩为媒兮，鸩告余以不好。"洪兴祖补注："其鸟大如鸮，紫绿色，有毒……以其毛历饮卮，则杀人。"

山水人物图　明·陆　治

41 一念过差，足丧生平之善；终身检饬^①，难盖一事之愆^②。

42 从五更枕席上参勘心体^③，气未动，情未萌，才见本来面目^④；向三时饮食中谙练世味^⑤，浓不欣，淡不厌，方为切实工夫。

注释：①检饬：谓检点，自我约束。②愆：过错。③参：领悟，琢磨。勘：察看，探测。④本来面目：佛教指人本有的心性。《坛经·行由品》："不思善，不思恶，正与么时，那个是明上座本来面目。"⑤谙练：熟悉，熟练。

山水图 明·项圣谟

斗酒听鹂图　明·张翀

应

酬

人物故事图之浔阳送别图　明·仇　英

43 操存要有真宰^①，无真宰则遇事便倒，何以植顶天立地之砥柱^②？应用要有圆机，无圆机则触物有碍，何以成旋乾转坤之经纶^③？

44 士君子之涉世，为人不可轻为喜怒，喜怒轻，则心腹肝胆皆为人所窥；于物不可重为爱憎，爱憎重，则意气精神悉为物所制。

注释：①操存：执持心志，不使丧失。真宰：真诚的思想感情。宰，主宰，指心。②顶天立地：头顶云天，脚踏大地。形容形象高大，气概豪迈。宋代释普济《五灯会元》卷五十六："汝等诸人，个个顶天立地。"③旋乾转坤：扭转天地。比喻从根本上改变社会面貌或已成的局面，也指人魄力极大。唐代韩愈《潮州刺史谢上表》："陛下即位以来，躬亲听断，旋乾转坤。"

秋林闲话图　明·周　臣

45 倚高才而玩世，背后须防射影之虫①；饰厚貌以欺人，面前恐有照胆之镜②。

46 心体澄澈，常在明镜止水之中③，则天下自无可厌之事；意气和平④，常在丽日光风之内⑤，则天下自无可恶之人。

注释：①射影之虫：《诗经·小雅·何人斯》："为鬼为蜮，则不可得。"蜮又名射影。相传居水中，听到人声，以气为矢，含沙以射人，射中人则皮肤长疮。射中人影会害病。②照胆之镜：《西京杂记》载：秦咸阳宫中有镜，能照见人的五脏。女子有邪心，照后胆张心动。③止水：典出《庄子·德充符》："人莫鉴于流水而鉴于止水。"④意气：精神，神色。《晏子春秋·问上十》："寡人意气衰，身病甚。"⑤光风：雨止日出时的和风。《楚辞·招魂》："光风转蕙，氾崇兰些。"

松泉高士图 元·无款

47 当是非邪正之交，不可少迁就，少迁就则失从违之正①；值利害得失之会，不可太分明，太分明则起趋避之私。

48 苍蝇附骥②，捷则捷矣，难避处后之羞；茑萝依松③，高则高矣，未免仰攀之耻。所以君子宁以风霜自挟④，毋为鱼鸟亲人⑤。

注释：①从违：依从或违背。唐代韩愈《送区弘南归》："爱有区子荧荧晖，观以彝训或从违。"②苍蝇附骥：喻依附他人以成名。《史记·伯夷列传》："颜渊虽笃学，附骥尾而行益显。"宋隐按："苍蝇附骥尾而致千里，以譬颜回因孔子而名彰也。"③茑萝依松：典出《诗经·小雅·頍弁》："茑与女萝，施于松柏。"④自挟：犹自恃，自负。宋朝陈与义《和若拙弟得陪游后园》："莫道人人握珠玉，应须字字挟风霜。"⑤鱼鸟亲人：典出《世说新语·言语》："觉鸟兽禽鱼自来亲人。"此处意为依附他人。

求志园图　明·钱　穀

49 好丑心太明，则物不契①；贤愚心太明，则人不亲。士君子须是内精明而外浑厚②，使好丑两得其平，贤愚共受其益，才是生成的德量③。

50 伺察以为明者④，常因明而生暗，故君子以恬养智；奋迅以为速者，多因速而致迟⑤，故君子以重持轻。

注释：①契：合，投合。②浑厚：淳朴，敦厚。宋代曾巩《馆中祭丁元珍文》："子之为人，浑厚平夷，不阻为崖，不巧为机。"③德量：道德涵养和气量。《世说新语》："顾看简文，穆然清恬。"刘孝标注："帝举止自若，音颜无变，温每以此称其德量。"④伺察：侦视，观察。⑤**奋迅**二句：《论语·子路》："无欲速，无见小利。欲速则不达，见小利则大事不成。"宋代刘克庄《答陈璘司户》："老来怯酬唱，欲速反成迟。"

真赏斋图　明·文徵明

51 士君子济人利物①，宜居其实，不宜居其名，居其名则德损；士大夫忧国为民，当有其心，不当有其语，有其语则毁来。

52 遇大事矜持者②，小事必纵弛；处明庭检饬者③，暗室必放逸。君子只是一个念头持到底，自然临小事如临大敌④，坐密室若坐通衢⑤。

注释：①济人利物：指救助别人，对世事有益。宋代朱熹《记外大父祝公遗事》："岁大疫，亲旧有尽室病卧者，公每清旦辄携粥药造之，遍饮食之而后返，日以为常，其他济人利物之事不胜记。"②矜持：竭力保持庄重。③检饬：谓检点，自我约束。④如临大敌：好像面对着强大的敌人。形容戒备森严，把事情看得很严重。《旧唐书·郑畋传》："畋还镇，蒐乘补卒，缮修戒仗，濬饰城垒，尽出家财以散士卒。昼夜如临大敌。"⑤通衢：大路。衢，四通八达的道路。

竹林七贤图·杨柳青木版年画

53 使人有面前之誉，不若使其无背后之毁；使人有乍交之欢，不若使其无久处之厌。

54 善启迪人心者，当因其所明而渐通之，毋强开其所闭；善移风化者①，当因其所易而渐及之，毋轻矫其所难②。

注释：①风化：指风俗。唐玄宗《端午三殿宴群臣探得神字》："股肱良足咏，风化可还淳。"②矫：匡正，纠正。

文会图　明·谢时臣

55 彩笔描空①，笔不落色，而空亦不受染；利刀割水，刀不损锷②，而水亦不留痕。得此意以持身涉世③，感与应俱适，心与境两忘矣。

56 长袖善舞，多钱能贾④，漫炫附魂之伎俩⑤；孤槎济川⑥，只骑解围，才是出格之奇伟。

注释：①彩笔：五彩之笔。晋代潘岳《萤火赋》："羡微虫之琦玮，援彩笔以为铭。"②锷：刀、剑的刃。③持身：修养身心。《列子·说符》："子列子学于壶丘子林。壶丘子林曰：'子知持后，则可言持身矣。'"④"长袖"二句：语出《韩非子·五蠹》所引俚语，原句为"长袖善舞，多钱善贾"。贾，做买卖。⑤漫：遍。炫：通衒。显示，夸耀。⑥槎：木筏。

千秋绝艳图之无双 明·佚名

57
jǐ zhī qíng yù bù kě zòng　dāng yòng nì zhī zhī
己之情欲不可纵，当用逆之之

fǎ yǐ zhì zhī　qí dào zhǐ zài yì rěn zì　rén zhī
法以制之，其道只在一忍字；人之

qíng yù bù kě fú　dāng yòng shùn zhī zhī fǎ yǐ tiáo
情欲不可拂①，当用顺之之法以调

zhī　qí dào zhǐ zài yí shù zì　jīn rén jiē shù yǐ
之，其道只在一恕字。今人皆恕以

shì jǐ ér rěn yǐ zhì rén wú nǎi bù kě hū
适己，而忍以制人，毋乃不可乎！

58
hào chá fēi míng　néng chá néng bù chá zhī wèi
好察非明，能察能不察之谓

míng　bì shèng fēi yǒng　néng shèng néng bù shèng zhī wèi yǒng
明；必胜非勇，能胜能不胜之谓勇。

注释：①拂：违背。

孔子圣迹图之子羔仁恕

44

59 随时之内善救时[1]，若和风之消酷暑；混俗之中能脱俗[2]，似淡月之映轻云。

60 思入世而有为者，须先领得世外风光，否则无以脱垢浊之尘缘[3]；思出世而无染者，须先谙尽世中滋味[4]，否则无以持空寂之苦趣[5]。

注释：①随时：顺应时势；切合时宜。《易·随》："大亨贞，无咎，而天下随时，随时之义大矣哉。"救时：匡救时弊。宋代王应麟《困学纪闻·评诗》："明皇以侈致乱，故少陵以俭为救时之砭剂。"②混俗：混同世俗。唐代杨于陵《赠毛仙翁》："先生赤松侣，混俗游人间。"③尘缘：佛教、道教谓与尘世因缘。唐代韦应物《春月观省属城始憩东西林精舍》："佳士亦栖息，善身绝尘缘。"④谙：熟悉，知道。⑤空寂：指佛法，佛门。宋代陈善《扪虱新话》："王韶在熙河多杀伐，晚年乃出知洪州，颇多悔恨，栖心空寂，冀有以洗涤之。"

王维诗意图之谷树云埋老僧窗　明·项圣谟

61　与人者^①，与其易疏于终，不若难亲于始；御事者，与其巧持于后，不若拙守于前。

62　酷烈之祸，多起于玩忽之人^②；盛满之功，常败于细微之事^③。故语云："人人道好，须防一人著恼^④；事事有功，须防一事不终。"

注释：①与人：合乎民意取得人心。②"酷烈"二句：宋代欧阳修《五代史伶官传序》："祸患常积于忽微。"③"盛满"二句：《韩非子·喻老》："千丈之堤，以蝼蚁之穴溃；百尺之室，以突隙之烟焚。"④著恼：即着恼。发怒，生气。

王维诗意图之用拙存吾道　明·项圣谟

63 不虞之誉不必喜，求全之毁何须辞①？自反有愧②，无怨于他人；自反无愆③，更何嫌众口④？

64 功名富贵，直从灭处观究竟，则贪恋自轻；横逆困穷⑤，直从起处究由来，则怨尤自息⑥。

注释：①**不虞之誉、求全之毁**：语出《孟子·离娄上》："有不虞之誉，有求全之毁。"不虞之誉，意想不到的赞扬。求全之毁，谓欲求完美反招致诋毁。②**自反**：反躬自问，自己反省。③**愆**：过错。④**众口**：众人的言论。汉代焦赣《易林·萃之巽》："众口销金，愆言不验。"⑤**横逆**：横暴不顺理。《孟子·离娄下》："有人于此，其待我以横逆，则君子必自反也。"⑥**怨尤**：埋怨责怪。

王维诗意图之数声渔笛在沧浪　明·项圣谟

65 宇宙内事①，要力担当，又要善摆脱。不担当，则无经世之事业；不摆脱，则无出世之襟期②。

66 待人而留有余，不尽之恩礼，则可以维系无厌之人心；御事而留有余，不尽之才智，则可以提防不测之事变。

注释：①宇宙：犹言天下、国家。南朝梁沈约《游沈道士馆》："秦皇御宇宙，汉帝恢武功。"②襟期：襟怀，志趣。

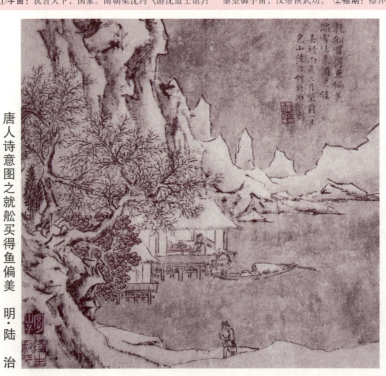

唐人诗意图之就舡买得鱼偏美 明·陆治

67 了心自了事①，犹根拔而草不生②；逃世不逃名，似膻存而蚋仍集③。

68 仇边之弩易避，而恩里之戈难防④；苦时之坎易逃，而乐处之阱难脱。

注释：①了事：办妥事情，使事情得到结束。②"犹根拔"句：《左传·隐公六年》："为国家者，见恶如农夫之务去草焉，芟夷蕴崇之，绝其本根。"③膻：同羶。像羊肉的气味。亦泛指臊气。蚋：蚊类害虫。④"仇边"二句：元朝无名氏《独角牛》第二折："孩儿也，一了说：明枪好躲，暗箭难防。"

文选楼草赋图　清·高凤翰

69 拖泥带水之累，病根在一恋字；随方逐圆之妙，便宜在一耐字。

70 膻秽则蝇蚋丛嘬①，芳馨则蜂蝶交侵。故君子不作垢业，亦不立芳名。只是元气浑然②，圭角不露③，便是持身涉世一安乐窝也④。

注释：①嘬：叮，咬。②元气：指人的精神，精气。《后汉书·赵咨传》："夫亡者，元气去体，贞魂游散。"③圭角：圭的棱角。此犹言锋芒。朱熹《朱子语类》卷二九："如宁武子，虽冒昧向前，不露圭角。"④安乐窝：宋代邵雍自号安乐先生，称其所居为"安乐窝"。

寿袁方斋三绝图之养鹤涧　明·陈道复

71 从静中观物动，向闲处看人忙，才得超尘脱俗的趣味①；遇忙处会偷闲②，处闹中能取静，便是安身立命的工夫③。

72 邀千百人之欢，不如释一人之怨；希千百事之荣④，不如免一事之丑。

注释：①超尘脱俗：尘、俗，指人世间。原指佛教徒功夫深，已超出尘世。后多形容才德远远超过平常人。南朝宋刘义庆《世说新语》刘孝标注引谢承《后汉书》："徐稺，字孺子，豫章南昌人，清妙高跱，超世绝俗。"②"遇忙处"句：宋代陈造《同陈宰黄簿游灵山八首》自注："宰云：'吾辈可谓忙里偷闲，苦中作乐。'"③"处闹中"二句：宋代释道原《景德传灯录》："僧问：'学人不据地时如何？'师云：'汝向什么处安身立命？'"④希：仰慕，谋求。

槐荣堂图　清·吴　历

73 落落者，难合亦难分^①；欣欣者^②，易亲亦易散。是以君子宁以刚方见惮^③，勿以媚悦取容^④。

74 意气与天下相期^⑤，如春风之鼓畅庶类^⑥，不宜存半点隔阂之形；肝胆与天下相照^⑦，似秋月之洞彻群品^⑧，不可作一毫暧昧之状。

注释：①落落：形容孤高，与人难合。《后汉书·耿弇列传》："将军前在南阳建此大策，常以为落落难合，有志者事竟成也！"②欣欣：喜乐貌。③刚方：刚直方正。见：同"现"。惮：害怕。④取容：讨好别人以求自己安身。《吕氏春秋·似顺》："夫顺令以取容者，众能之，而况铎狄乎"《新唐书·文艺传》：（元翰）性刚褊，不能取容于时。⑤"意气"句：唐代李百药《北齐书》："魏领军元叉，权重当世，以意气相得，接乾甚厚。"⑥庶类：万物，万类。⑦"肝胆"句：宋朝胡太初《昼帘绪论》："今始至之日，必延见僚案，历述弊端，令恫愊无华，肝胆相照。"⑧群品：佛教语，谓众生。

归去来辞之或棹孤舟图　明·夏　芷

75 仕途虽赫奕①，常思林下的风味②，则权势之念自轻；世途虽纷华，常思泉下的光景③，则利欲之心自淡。

76 鸿未至先援弓，兔已亡再呼犬，总非当机作用④；风息时休起浪⑤，岸到处便离船，才是了手工夫⑥。

注释：①赫奕：光辉炫耀貌。②林下的风味：指妇女娴雅飘逸的风采。南朝宋刘义床《世说新语》："王夫人神情散朗，故有林下风气。"③泉下：黄泉之下。指人死后埋葬的地方。《左传·隐公元年》："不及黄泉，无相见也。"④当机：抓住时机。《宋史·宋绶传》："临事尚乎守，当机贵乎断，兆谋先乎密。"⑤起浪：掀起波浪。这里比喻生事。宋朝苏轼《送李供备席上和李诗》："擘水取鱼湖起浪，引杯看剑坐生光。"⑥了手：犹高手。

将军夜引弓　清·钱吉生

53

77 从热闹场中出几句清冷言语，便扫除无限杀机；向寒微路上用一点赤热心肠①，自培植许多生意②。

78 师古不师今，舍举世共趋之辙；依法不依人，遵时豪耻问之途。

79 随缘便是遣缘，似舞蝶与飞花共适；顺事自然无事，若满月偕盂水同圆③。

注释：①寒微：指人贫贱，社会地位低微。《晋书·吾彦传》："（吾彦）出自寒微，有文武才干。"②生意：生机，生命力。元代宫天挺《范张鸡黍》："阴阳运，万物纷纷，生意无穷尽。"③盂：盛汤浆或饭食的圆口器皿。《韩非子·外储说左上》："盂方水方，盂圆水圆。"

脱屐名区图 明·杜琼

80 淡泊之守，须从浓艳场中试来；镇定之操，还向纷纭境上勘过①。不然操持未定，应用未圆，恐一临机登坛，而上品禅师又成一下品俗士矣。

81 求见知于人世易②，求真知于自己难；求粉饰于耳目易③，求无愧于隐微难④。

注释：①勘：核对，探测。②见知：指明见明知，没有隔膜。《韩非子》："有赏者君见其功，有罚者君知其罪，见知不悖于前，赏罚不弊于后，安有不葬之患。"③粉饰：装饰外表，掩盖实情。④隐微：隐约细微。此指内心。《管子·九守》："明知千里之外，隐微之中曰动奸，奸动则变更矣。"

双鑑行窝图　明·唐　寅

82 廉所以戒贪①，我果不贪②，又何必标一廉名以来贪夫之侧目③？让所以戒争，我果不争，又何必立一让的以致暴客之弯弓④？

83 无事常如有事时提防，才可以弥意外之变；有事常如无事时镇定，方可以消局中之危。

注释：①所以：用以，用来。②果：真的。③来：通"徕"。侧目：不敢正面看，形容畏惧而愤恨。④的：箭靶的中心。暴客：强盗，盗贼。

秦宫狗盗图

56

84 处世而欲人感恩①，便为敛怨之道；遇事而为人除害，即是导利之机。

85 持身如泰山九鼎②，凝然不动，则愆尤自少③；应事若流水落花④，悠然而逝，则趣味常多。

注释：①感恩：感怀恩德。《三国志》："……诱谕使言，察其志趣，令皆感恩戴义，怀欲报之心。"②九鼎：古代传说，夏禹铸九鼎，象征九州，是夏、商、周三代的传国之宝。《史记·平原君列传》："毛先生一至楚，而使赵重于九鼎大吕。"③愆尤：过失，罪咎。④流水落花：疑当作"流水桃花"。流水落花一般指春残的景象，也比喻美好时光的消逝。南唐李煜《浪淘沙》："流水落花春去也，天上人间！"流水桃花指春日美景。唐代李白《山中问答》："桃花流水窅然去，别有天地非人间。"

落花诗意图　明·沈　周

86 口里圣贤，心中戈剑，劝人而不劝己，名为挂榜修行；独慎衾影①，阴惜分寸，竞处而复竞时，才是有根学问。

87 君子严如介石②，而畏其难亲，鲜不以明珠为怪物而起按剑之心③；小人滑如脂膏，而喜其易合，鲜不以毒螫为甘饴而纵染指之欲④。

注释：①独慎衾影：语本《刘子·慎独》："独立不惭影，独寝不愧衾。"意谓在独处时依然保持良好的品行。衾：被子。②介石：巨石。③"鲜不以"二句：《史记·鲁仲达邹阳列传》："臣闻明月之珠，夜光之璧，以暗投人于道路，人无不按剑相眄者。"④染指：本指用手指沾尝鼎中的食物，典见《左传·宣公四年》。此指贪图非分之利。

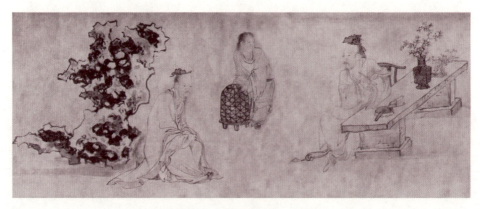

古贤诗意图之右军笼鹅图　明·杜　堇

88 遇事只一味镇定从容，纵纷若乱丝，终当就绪；待人无半毫矫伪欺隐，虽狡如山鬼^①，亦自献诚。

89 肝肠煦若春风，虽囊乏一文^②，还怜茕独；气骨清如秋水^③，纵家徒四壁^④，终傲王公。

注释：①山鬼：山精。传说中的一种独脚怪物。②囊：口袋。乏：缺乏。③秋水：比喻清朗的气质。唐代杜甫《徐卿二子歌》："大儿九龄色清澈，秋水为神玉为骨。"④家徒四壁：形容家中贫穷，一无所有。《史记·司马相如列传》："文君夜亡奔相如，相如乃与驰归成都。家居徒四壁立。"

九歌图之山鬼 元·张渥

90 讨了人事的便宜，必受天道的亏；贪了世味的滋益①，必招性分的损②。涉世者宜审择之，慎勿贪黄雀而坠深井，舍隋珠而弹飞禽也③。

91 费千金而结纳贤豪，孰若倾半瓢之粟，以济饥饿之人？构千楹而招来宾客④，孰若葺数椽之茅⑤，以庇孤寒之士⑥？

注释：①滋益：滋养补益。②性分：犹天性，本性。③隋珠：宝珠。《庄子·让王》言有人欲以隋侯之珠弹千仞之雀，为世所笑，因"其所用者重，而所要者轻也"。④楹：厅堂的前柱。⑤椽：放在檩子上架屋面板和瓦的条木。⑥"以庇孤寒之士"：唐代杜甫《茅屋为秋风所破歌》："安得广厦千万间，大庇天下寒士俱欢颜。"

古贤诗意图之东山宴饮　明·杜　堇

92 解斗者助之以威，则怒气自平；惩贪者济之以欲，则利心反淡。所谓因其势而利导之①，亦救时应变一权宜法也②。

93 市恩不如报德之为厚③，雪忿不如忍耻之为高，要誉不如逃名之为适④，矫情不如直节之为真⑤。

注释：①因：顺着。势：趋势。利导：引导。《史记·孙子吴起列传》："彼三晋之兵素悍勇而轻齐，齐号为怯，善战者因其势而利导之。"②权宜：谓暂时适宜的措施。③市恩：谓以私惠取悦于人。犹言买好，讨好。④要：通"邀"。适：安逸，闲适。⑤矫情：掩饰真情。汉代董仲舒《士不遇赋》："虽矫情而获百利兮，复不如正心而归一善。"直节：谓守正不阿的操守。宋代范仲淹《依韵和庞殿院见寄》："直节羡君如指佞，孤根怜我异凌霄。"

斗蟋蟀图　清·吴友如

94 救既败之事者，如驭临崖之马，休轻策一鞭；图垂成之功者，如挽上滩之舟，莫少停一棹①。

95 先达笑弹冠②，休向侯门轻曳裾③；相知犹按剑，莫从世路暗投珠④。

注释：①棹：船桨。②"先达"句：语出王维《酌酒与裴迪》。先达，指前辈为官者。弹冠，指新人正冠出仕。③曳裾：拖着衣襟。裾，衣服的大襟。④"相知"二句：《史记·鲁仲连邹阳列传》："臣闻明月之珠，夜光之璧，以暗投之于道路，人无不按剑相眄者，何则？无因而至前也。"

人物山水图之孙阳相马　清·任　熊

96 杨修之躯见杀于曹操①，以露己之长也；韦诞之墓见发于钟繇②，以秘己之美也。故哲士多匿采以韬光③，至人常逊美而公善④。

注释：①杨修：汉末文学家，好学能文，才思敏捷。曹操因杨修有智谋，又是袁术之甥，虑有后患，遂借故杀之。②韦诞：三国时魏人，善辞章，尤工书法，又善制笔，撰有《笔经》。钟繇：三国时魏人，善书，尤长于正、隶。《太平广记》卷二〇六记钟繇曾问笔法于韦诞，韦诞不与。韦诞死后，钟繇令人盗掘其墓，遂得之。③韬光：敛藏光彩。明朝宋濂《史处士墓版文》："贵与富岂专萃吾一门耶……自是益韬光敛彩，寄情山水间。"④公善：把自己之所善公之于众。

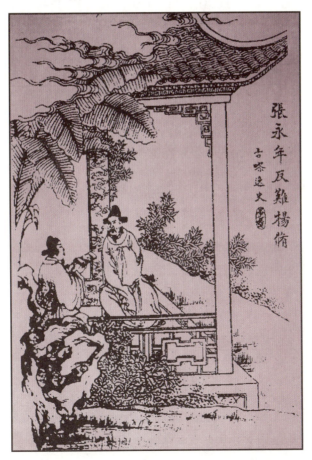

张永年反难杨修图

97 少年之人，不患其不奋迅①，常患以奋迅而成卤莽，故当抑其躁心；老成之人，不患其不持重，常患以持重而成退缩，故当振其惰气。

98 望重缙绅②，怎似寒微之颂德？朋来海宇，何如骨肉之孚心③？

99 舌存常见齿亡，刚强终不胜柔弱④；户朽未闻枢蠹⑤，偏执岂能及圆融？

注释：①奋迅：精神振奋，行动迅速。②缙绅：插笏于绅带间，旧时官宦的装束。亦借指士大夫。③孚：信用，诚信。④"舌存"二句：典出刘向《说苑·敬慎》，记老子说："夫舌之存也，岂非以其柔邪；齿之亡也，岂非以其刚邪？"⑤"户朽"句：典出《吕氏春秋·尽数》："流水不腐，户枢不蠹，动也。"

古贤诗意图之月下独酌　明·杜　堇

评

议

题竹图　明·杜堇

100 物莫大于天地日月，而子美云①："日月笼中鸟，乾坤水上萍②。"事莫大于揖逊征诛③，而康节云④："唐虞揖逊三杯酒，汤武征诛一局棋⑤。"人能以此胸襟眼界，吞吐六合⑥，上下千古，事来如沤生大海⑦，事去如影灭长空⑧，自经纶万变而不动一尘矣⑨。

注释： ①子美：即唐代诗人杜甫，字子美。②"日月"二句：语出其《衡州送李大夫七丈勉赴广州》诗。③揖逊：犹揖让。禅让。《七国春秋平话》卷上："慕唐虞之高风，思揖逊于政权。"征诛：讨伐。④康节：即宋代邵雍，字尧夫，卒谥康节先生。⑤"唐虞"二句：语出其《首尾吟》。⑥六合：天地四方；整个宇宙的巨大空间。《庄子·齐物论》："六合之外，圣人存而不论；六合之内，圣人论而不议。"⑦沤：水中浮泡。《楞严经》卷六："空生大觉中，如海一沤发。"⑧长空：指天空。天空辽阔无垠，故称。南朝梁萧统《弓矢赞》："杨叶命中，猿堕长空。"⑨经纶：整理丝缕、理出丝绪和编丝成绳，统称经纶。这里指国家大事的治理。

闲拨船行寻旧池图　清·钱慧安

101 尼山以富贵不义，视如浮云①；漆园谓真性之外，皆为尘垢②。如是则悠悠之事，何足介意？

102 君子好名③，便起欺人之念；小人好名，犹怀畏人之心。故人而皆好名，则开诈善之门④；使人而不好名，则绝为善之路。此讥好名者，当严责夫君子，不当过求于小人也。

注释：①尼山：在今山东省曲阜市东南。相传孔子生于此，后指孔子。《论语·述而》："不义而富且贵，于我如浮云。"②漆园：地名，在山东省曹县。庄子曾在此为吏，后指庄子。庄子提倡真性，"真者，所以受于天也，自然不可易也"（《庄子·渔父》），反对"以物易其性"（《骈拇》）。③好名：爱好名誉，追求虚名。《孟子·尽心下》："好名之人能让千乘之国。"④诈善：假装为善。汉朝王充《论衡·答佞》："观其阳以考其阴，察其内以揆其外，是故诈善设节者可知。"

孔子圣迹图之删述六经　明·佚　名

103 大恶多从柔处伏，哲士须防绵里之针^①；深仇常自爱中来，达人宜远刀头之蜜^②。

104 持身涉世，不可随境而迁。须是大火流金^③，而清风穆然^④；严霜杀物，而和气蔼然；阴霾翳空^⑤，而慧日朗然；洪涛倒海，而砥柱屹然^⑥，方是宇宙内的真人品。

注释：①绵里之针：指和善的外貌下隐藏着恶毒的内心。元代石君宝《曲江柳》第二折："笑里刀剐皮割肉，绵里针剔髓挑筋。"②刀头之蜜：《佛说四十二章经》："佛言财色之于人，譬如小儿含刀刃之蜜，甜不足一食之美，然有截舌之患也。"③流金：谓高温熔化金属。多形容气候酷热。《诗经·七月》："七月流火，九月授衣。"④穆然：肃静貌。⑤翳：遮蔽，隐没。⑥砥柱：亦作砥砫。山名。在今河南省三门峡市，当黄河中流。以山在激流中矗立如柱，故名。今因整治河道，山已炸毁。

归去来辞之稚子候门图　明·马 轼

105 爱是万缘之根①，当知割舍；识是众欲之本，要力扫除。

106 作人要脱俗，不可存一矫俗之心；应事要随时②，不可起一趋时之念③。

107 宁有求全之毁，不可有过情之誉④；宁有无妄之灾⑤，不可有非分之福。

注释：①万缘：一切因缘。佛教认为事物生起或坏灭的主要条件是因，辅助条件是缘。②随时：顺应时势；切合时宜。《易·随》："大亨贞，无咎，而天下随时，随时之义大矣哉。"③趋时：这里指迎合所谓的潮流。唐代白居易《陈中师除太常少卿制》："不背俗以矫逸，不趋时以沽名。"④"宁有"二句：《孟子·离娄上》："有不虞之誉，有求全之毁。"过情，超过实际情形。⑤无妄之灾：语见《易·无妄》："六三，无妄之灾。或系之牛，行人之得，邑人之灾。"

沛台实景图　明·唐　寅

108 毁人者不美，而受人毁者遭一番讪谤便加一番修省^①，可以释冤而增美；欺人者非福，而受人欺者遇一番横逆便长一番器宇^②，可以转祸而为福^③。

109 梦里悬金佩玉，事事逼真，睡去虽真觉后假^④；闲中演偈谈玄^⑤，言言酷似，说来虽是用时非。

注释：①讪谤：讥讪毁谤。②器宇：度量，胸怀。③可以转祸而为福：《战国策·燕策一》："圣人之制事也，转祸而为福。"唐朝骆宾王《讨武氏檄》："倘能转祸为福，送往事居。"④**"梦里"**三句：唐代沈既济的传奇《枕中记》载，卢生在邯郸旅店中白天睡觉入梦乡，享尽荣华富贵，一觉醒来，主人所煮的黄粱尚未熟。⑤偈：梵语"偈佗"的简称，即佛经中的唱词。通常以四句为一偈。玄：指宗教义理。

庄生梦蝶图

110　tiān yù huò rén, bì xiān yǐ wēi fú jiāo zhī,
天欲祸人,必先以微福骄之,
suǒ yǐ fú lái bù xīn xǐ, yào kàn tā huì shòu tiān
所以福来不心喜,要看他会受;天
yù fú rén, bì xiān yǐ wēi huò jǐng zhī, suǒ yǐ huò
欲福人,必先以微祸儆之①,所以祸
lái bù bì yōu, yào kàn tā huì jiù
来不必忧,要看他会救。

111　róng yǔ rǔ gòng dì, yàn rǔ hé xū qiú róng
荣与辱共蒂②,厌辱何须求荣?
shēng yǔ sǐ tóng gēn tān shēng bù bì wèi sǐ
生与死同根,贪生不必畏死③。

注释:①"天欲"二句:《孟子·告子下》:"故天将降大任于斯人也,必先苦其心志,劳其筋骨,饿其体肤,空乏其身,行拂乱其所为。"②蒂:花或瓜果与枝茎相连的部分。③"生与死"二句:《汉书·文三王传》:"今立自知贼杀中郎曹将,冬月迫促,贪生畏死,即诈僵仆阳病,徼幸得逾于须臾。"

玩古图　明·杜　堇

112 非理外至，当如逢虎而深避，勿恃格兽之能；妄念内兴，且拟探汤而疾禁①，莫纵染指之欲。

113 做人只是一味率真，踪迹虽隐还显；存心若有半毫未净，事为虽公亦私②。

注释：①探汤：以手探沸水。比喻会造成严重后果而引起戒惧。《论语·季氏》："见善如不及，见不善如探汤。"
②事为：作为，行为。

杨香扼虎救父图　清·王　素

liáo zhàn yì zhī fǎn xiào péng xīn shē chǐ tù
114 鹩占一枝①，反笑鹏心奢侈；兔
yíng sān kū zhuǎn chī hè lěi gāo wēi zhì xiǎo zhě bù
营三窟②，转嗤鹤垒高危。智小者不
kě yǐ móu dà qù bēi zhě bù kě yǔ tán gāo xìn
可以谋大，趣卑者不可与谈高。信
rán yǐ
然矣！

pín jiàn jiāo rén suī shè xū jiāo hái yǒu jǐ
115 贫贱骄人③，虽涉虚矫④，还有几
fēn xiá qì yīng xióng qī shì zòng sì huī huò quán
分侠气；英雄欺世⑤，纵似挥霍，全
méi bàn diǎn zhēn xīn
没半点真心。

注释：①**鹩占一枝**：《庄子·逍遥游》：“鹪鹩巢于涂林，不过一枝。”②**兔营三窟**：《战国策·齐策四》：“狡兔有三窟，仅得免其死耳。”③**贫贱骄人**：《史记·魏世家》记田子方说：“亦贫贱者骄人耳。”后以“贫贱骄人”指鄙视权贵。④**虚矫**：即虚骄。矫通骄。指虚浮而骄矜。《庄子·达生》：“纪渻子为王养斗鸡，十日而问鸡已乎。曰：‘未也，方虚骄而恃气。’”⑤**英雄欺世**：即“英声欺人”。指非凡人物逞才欺世。明代李攀龙《〈唐诗选〉序》：“太白纵横，往往强弩之末，间杂长语，英雄欺人耳。”

铁鹫挂林海月初上图 清·任熊

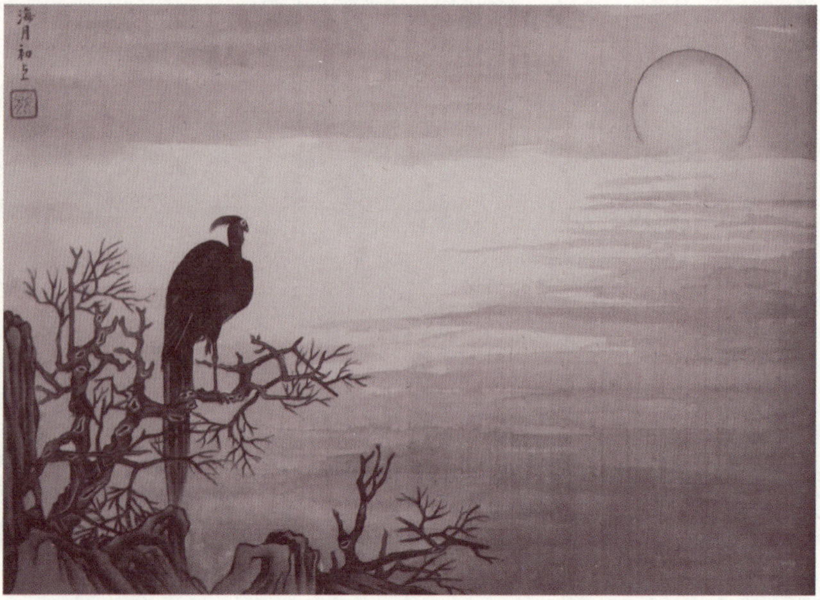

116 糟糠不为彘肥①，何事偏贪钩下饵？锦绮岂因牺贵②，谁人能解笼中囮③。

117 大千沙界④，尚为空里之空名；巨万金钱，固是末中之末事。非上上智⑤，无了了心⑥。

注释：①"糟糠"句：典出《庄子·达生》："祝宗人玄端以临牢策，说彘曰：'汝奚恶死，吾将三月豢汝，十日戒，三日斋，藉白茅，加汝肩尻乎雕俎之上，则汝为之乎？'为彘谋曰：不如食以糟糠而错之牢策之中。"②"锦绮"句：典出《庄子·列御寇》："子见夫牺牛乎，衣以文绣，食以刍叔，及其牵而入于太庙，虽欲为孤犊，其可得乎？"谓利禄戕害人可是俗人不解而追慕之，故身陷其害。③囮：鸟媒。捕鸟人用来诱捕同类鸟的活鸟。今称囮子。④大千沙界：即佛教所谓恒河沙数三千大千世界。⑤上上：最上等。《书·禹贡》："厥土惟黄壤，厥田惟上上，厥赋中下。"⑥了了：聪慧，通晓事理。

笼鹤图

75

118 琴书诗画，达士以之养性灵①，而庸夫徒赏其迹像；山川云物，高人以之助学识，而俗子徒玩其光华。可见事物无定品，随人识见以为高下。故读书穷理②，要以识趣为先。

119 美女不尚铅华，似疏梅之映淡月；禅师不落空寂，若碧沼之吐青莲。

注释：①达士：见识高超，不同于流俗的人。性灵：性情。唐代元稹《有鸟》诗之二："有鸟有鸟毛似鹤，行步虽迟性灵恶。"②穷理：穷究事物之理。宋代朱熹《行官便殿奏札二》："为学之道，莫先于穷理；穷理之要，必在于读书。"

琴棋书画图·杨柳青木版年画

120 廉官多无后，以其太清也；痴人每多福，以其近厚也。故君子虽重廉介，不可无含垢纳污之雅量①；虽戒痴顽，亦不必有察渊洗垢之精明②。

121 密则神气拘逼③，疏则天真烂熳④，此岂独诗文之工拙从此分哉？吾见周密之人纯用机巧⑤，疏狂之士独任性真。人心之生死，亦于此判也。

注释：①含垢纳污：《左传·宣公十五年》："谚曰：'高下在心，川泽纳污，山薮藏疾，瑾瑜匿瑕。'国君含垢，天之道也。"②察渊：明察秋毫，能看见深渊中的鱼。《列子·说符》："周谚有言：察见渊鱼者不祥，智料隐匿者有殃。"③拘逼：谓遭受逼迫。④天真烂熳：即"天真烂漫"。指纯真自然，不虚伪造作。明代胡应麟《诗薮》："子瞻虽体格创变，而笔力纵横，天真烂熳。"⑤周密：周到细致。《荀子·儒效》："其知虑多当矣，而未周密也。"机巧：聪慧灵巧。曹植《侍太子坐》："翩翩我公子，机巧忽若神。"

孔子圣迹图之楚狂接舆

122　翠筱傲严霜①，节纵孤高，无伤冲雅②；红蕖媚秋水③，色虽艳丽，何损清修。

123　贫贱所难，不难在砥节④，而难在用情；富贵所难，不难在推恩，而难在好礼⑤。

注释：①筱：同篠。小竹。②冲雅：典雅，淡雅。③蕖：芙蕖。即荷花。④砥节：砥砺气节。⑤"贫贱"六句：《论语·学而》："子贡曰：'贫而无谄，富而无骄，何如？'子曰：'可也，未若贫而乐，富而好礼者也。'"

高谈今古辨愚贤图　清·钱慧安

124 簪缨之士①，常不及孤寒之子可以抗节致忠；庙堂之士②，常不及山野之夫可以料事烛理③。何也？彼以浓艳损志，此以淡泊全真也。

125 荣誉旁边辱等待，不必扬扬④；困穷背后福跟随⑤，何须戚戚⑥？

注释：①簪缨：古代官吏的冠饰，比喻显贵。②庙堂：指朝廷。《庄子·在宥》："故贤者伏处大山堪岩之下，而万乘之君忧慄乎庙堂之上。"宋代范仲淹《岳阳楼记》："居庙堂之高则忧其民，处江湖之远则忧其君。"③烛理：考察事理。④扬扬：得意貌。⑤"困穷"句：《老子·第五十八章》："祸兮福之所倚，福兮祸之所伏。"⑥戚戚：忧惧、忧伤的样子。东晋陶渊明《五柳先生传》："不戚戚于贫贱，不汲汲于富贵。"

归去来辞之问征夫以前路图　明·马　轼

126 古人闲适处，今人却忙过了一生；古人实受处，今人又虚度了一世。总是耽空逐妄①，看个色身不破②，认个法身不真耳③。

127 芝草无根醴无源④，志士当勇奋翼；彩云易散琉璃脆⑤，达人当早回头。

注释：①耽：沉湎，玩乐。②色身：佛教语，即肉身。《坛经》："皮肉是色身。"③法身：佛教语，谓证得清净自性，成就一切功德之身。也称佛身。④"芝草"句：语出虞翻《与弟书》："芝草无根，醴泉无源。"⑤"彩云"句：语出白居易《简简吟》诗。

古贤诗意图之桃源图　明·杜　堇

128 少壮者，事事当用意而意反轻，徒泛泛作水中凫①，何以振云霄之翮②？衰老者，事事宜忘情而情反重，徒碌碌为辕下驹③，何以脱缰锁之身？

注释：①"徒泛泛"句：语出《楚辞·卜居》："将泛泛若水中之凫，与波上下，偷以全吾躯乎？"凫，野鸭。②翮：翅膀。宋朝王安石《送子思兄参惠州军》："骥摧千里蹄，鹏堕九霄翮。"③碌碌：烦忙劳苦貌。辕下驹：车辕下的小马，喻畏缩胆怯者。典出《史记·魏其武安侯列传》。

溪凫图　元·陈　琳

129

帆只扬五分，船便安；水只注五分，器便稳①。如韩信以勇略震主被擒②，陆机以才名冠世见杀③，霍光败于权势逼君④，石崇死于财赋敌国⑤，皆以十分取败者也。康节云："饮酒莫教成酩酊，看花慎勿至离披⑥。"旨哉言乎！

注释：①"水只注"二句：孔子观欹器，注水时"中而正，满而覆，虚而欹"。典出《荀子·宥坐》。②韩信：汉初人，刘邦手下得力将领，曾统帅汉军破秦灭楚。后被吕后杀害。③陆机：晋吴郡人，字士衡，文章冠世。后为人讥谤而被杀。④霍光：霍去病异母弟，昭宣时权臣。宣帝亲政后，收霍氏兵权，遂以谋反致夷族。⑤石崇：晋人，字季伦，富可敌国，后为赵王伦所杀。⑥康节：即邵雍。所云二句见其诗《安乐窝中吟》。酩酊：大醉貌。离披：衰残貌，凋敝貌。

韩信像·中国帝王名臣像真迹

石季伦像 明·陈洪绶

130 附势者如寄生依木，木伐而寄生亦枯；窃利者如蟠虰盗人①，人死而蟠虰亦灭。始以势利害人，终以势利自毙。势利之为害也，如是夫！

131 失血于杯中，堪笑猩猩之嗜酒②；为巢于幕上，可怜燕燕之偷安③。

注释：①蟠虰：肠中虫。②"失血"二句：典出《蜀志》。谓"人以酒取之，猩猩觉，初暂尝之，得其味甘而饮之，终见羁缧也"。又《华阳国志》："猩猩能言，其血可以染朱罽。"③"为巢"二句：《左传·襄公二十七年》："夫子之在此也，犹燕之巢于幕上。"喻处境极不安全。

荷塘飞燕图 南宋·无 款

132 鹤立鸡群①，可谓超然无侣矣。然进而观于大海之鹏，则眇然自小；又进而求之九霄之凤②，则巍乎莫及。所以至人常若无若虚，而盛德多不矜不伐也③。

133 铅刀只有一割能，莫认偶尔之效，辄寄调鼎之责④；干将不便如锥用⑤，勿以暂时之拙，全没倚天之才⑥。

注释：①鹤立鸡群：比喻人的仪表才华超群脱凡。《世说新语·容止》："有人语王戎曰：'嵇延祖卓卓如野鹤之在鸡群。'"②九霄之凤：宋玉《对楚王问》："凤凰上击九千里，绝云霓，负苍天，翱翔于杳冥之上。"贾谊《吊屈原赋》："凤凰翔于千仞兮，览德辉而下之。"③不矜不伐："矜""伐"意自大自夸。《老子二十二章》："不自伐，故有功；不自矜，故长。"④调鼎：烹调食物。喻任宰相治理国家。⑤干将：宝刀名。⑥倚天：靠着天。形容极高。

消夏图　元·刘贯道

134 贪心胜者，逐兽而不见泰山在前①，弹雀而不知深井在后②。疑心胜者，见弓影而惊杯中之蛇③，听人言而信市上之虎④。人心一偏，遂视有为无，造无作有。如此，心可妄动乎哉！

135 蛾扑火⑤，火焦蛾，莫谓祸生无本⑥；果种花，花结果，须知福至有因。

注释：①"逐兽"句：典出《淮南子·说林训》："逐兽者不见太山，嗜欲在外则明所蔽矣。" ②"弹雀"句：《吴越春秋·夫差内传》写螳螂捕蝉，黄雀在后；黄雀不知其后有人挟弹将射之；而其人"志在黄雀，不知空坑其旁，阆忽坑中，陷于深井"。 ③"见弓影"句：成语杯弓蛇影，比喻因疑虑不解而自相惊扰。典见《风俗通》。 ④"听人言"句：《韩非子·内储说上》："庞恭与太子质于邯郸，谓魏王曰：'今一日言市有虎，王信之乎？'曰：'不信。''二人言市有虎，王信之乎？'曰：'不信。''三人言市有虎，王信之乎？'王曰：'寡人信之。'"《战国策·魏二》："夫市之无虎明矣，然而三人言而成虎。"比喻说的人一多，就能弄假成真。 ⑤"蛾扑火"：《梁书·到溉传》："如飞蛾之赴火，岂焚身之可吝。" ⑥无本：没有本源。《礼记·礼器》："无本不立，无文不行。"

杯弓蛇影图 清·周慕桥

136 chē zhēng xiǎn dào，mǎ chěng xiān biān，dào bài chù
车 争 险 道，马 骋 先 鞭，到 败 处

wèi miǎn shì qí，sù xǐ duī shān，jīn kuā guò dǒu
未 免 噬脐①；粟 喜 堆 山②，金 夸 过 斗③，

lín xíng shí hái shì kōng shǒu
临 行 时 还 是 空 手。

137 huā chěng chūn guāng，yì fān yǔ，yì fān fēng，cuī
花 逞 春 光，一 番 雨，一 番 风，催

guī chén tǔ，zhú jiān yǎ cāo，jǐ zhāo shuāng，jǐ zhāo
归 尘 土④；竹 坚 雅 操，几 朝 霜，几 朝

xuě，ào jiù láng gān
雪，傲 就 琅 玕⑤。

注释：①噬脐：比喻后悔不及。《左传·庄公六年》："若不早图，后君噬脐，其及图之乎？"②粟喜堆山：宋代孟元老《东京梦华录·外诸司》："每遇冬日，诸乡纳粟秆草，牛车阗塞道路，车尾相衔，数万辆不绝，场内堆积如山。"③金夸过斗：唐代杜牧《昔事文皇帝三十二韵》："亿万持衡价，锱珠挟契论。堆时过北斗，积处满西园。"④"花逞"四句：陆游《卜算子·咏梅》："驿外断桥边，寂寞开无主。已是黄昏独自愁，更著风和雨。无意苦争春，一任群芳妒。零落成泥碾作尘，只有香如故。"⑤琅玕：原意为美玉，后用以比喻竹子。

金谷园图 清·华嵒

138 富贵是无情之物，看得它重，它害你越大；贫贱是耐久之交，处得它好，它益你反深。故贪商於而恋金谷者①，竟被一时之显戮②；乐箪瓢而甘敝缊者③，终享千载之令名。

139 鹄恶铃而高飞，不知敛翼而铃自息；人恶影而疾走，不知处阴而影自灭④。故愚夫徒疾走高飞，而平地反为苦海；达士知处阴敛翼，而巉岩亦是坦途⑤。

注释：①"故贪商於"句：商於，地名，秦孝公封卫鞅以商於十五邑，赵良劝他归还，勿贪商於之富，不然，将速其亡。卫鞅不从，终致祸。金谷，地名，晋太康中石崇筑园于此，极为豪侈，后为孙秀所潜被杀。②戮：杀死。③"乐箪瓢"句：《论语·雍也》中孔子赞扬颜回："一箪食，一瓢饮，在陋巷，人不堪其忧，回也不改其乐。"《论语·子罕》又说："衣敝缊袍，与衣狐貉者立，而不耻者，其由也与！"此皆形容甘于贫苦生活，乐在其中。箪，古代用来盛饭食的盛器，以竹或苇编成。敝，破旧，破烂。缊，新旧混合的棉絮，乱絮。④"人恶影"二句：《庄子·渔父》："人有畏影恶迹而去之走者，举足愈数而迹愈多，走愈疾而影不离身……不知处阴以休影……"⑤巉岩：险峻的山岩。

古贤诗意图之江边独酌

明·杜 堇

140 秋虫春鸟共畅天机，何必浪生悲喜①？老树新花同含生意，胡为妄别媸妍②？

141 己享其利者为有德，柳跖之腹心③；巧饰其貌者无实行④，优孟之流风⑤。

注释：①浪：徒然，白白地。②媸妍：美丑。③柳跖：即盗跖，相传为春秋末期人。《庄子·盗跖》言跖为柳下惠之弟。④实行：实际的行动。⑤优孟：春秋楚国的艺人，善于模拟。

柳下惠图·杨柳青木版年画

142 duō zāi táo lǐ shǎo zāi jīng bián shì kāi tiáo fú
多栽桃李少栽荆，便是开条福
lù bù jī shī shū piān jī yù huán rú zhù ge
路；不积诗书偏积玉，还如筑个
huò jī
祸基①。

143 xí wěi zhì jiǎo xìng xùn shí sǔn tiān zhēn qǔ shì
习伪智矫性徇时②，损天真取世
zī kǎo zhì rén suǒ fú wéi yě
资考③，至人所弗为也④。

注释：①还如：恰似，好比。②徇：顺从，依从。③资考：供参考。④至人：旧指思想或道德修养最高超的人。

五柳先生像　明·陈洪绶

144 万境一辙，原无地著个穷通①；万物一体，原无处分个彼我。世人迷真逐妄②，乃向坦途上自设一坷坎，从空洞中自筑一藩篱③，良足慨哉！

145 大聪明的人，小事必朦胧④；大懵懂的人，小事必伺察。盖伺察乃懵懂之根，而朦胧正聪明之窟也。

注释：①著：明示。穷通：谓阻隔与通畅。②迷真：迷失真性。唐代吕岩《敲爻歌》："如鼎沸，永沉沦，失道迷真业所根。"③藩篱：屏障，障碍。④朦胧：犹言糊涂。元代关汉卿《谢无香》第四折："我待要题个话头，又不知他可也甚些机彀，倒不如只做朦胧。"

杂画之玉壶买春　清·华喦

146 大烈鸿猷①，常出悠闲镇定之士②，不必忙忙；休征景福③，多集宽洪长厚之家④，何须琐琐。

147 贫士肯济人，才是性天中惠泽；闹场能学道，方为心地上工夫。

注释：①**大烈鸿猷**：显赫的功业和重要的谋划。②**"常出"句**：东晋的谢安，在淝水之战中，运筹帷幄，遣弟谢石、侄谢玄、子谢琰率军大破前秦。取得重大胜利之时，《世说新语·雅量》载："谢公与人围棋，俄而谢玄淮上信至，看书竟，默默无言，徐向局。客问淮上利害，答曰：'小儿辈大破贼。'意色举止，不异于常。"③**休征**：吉利的征兆。**景福**：大福。④**长厚**：恭谨宽厚。

临戴进谢安东山图 明·沈周

148 人生只为欲字所累，便如马如牛听人羁络^①，为鹰为犬任物鞭笞。若果一念清明，淡然无欲，天地也不能转动我，鬼神也不能役使我，况一切区区事物乎！

149 贪得者身富而心贫，知足者身贫而心富^②；居高者形逸而神劳，处下者形劳而神逸。孰得孰失，孰幻孰真，达人当自辨之。

注释：①羁络：控制。②"贪得者"二句：《老子》："祸莫大于不知足，咎莫大于欲得，故知足之足常足矣。"

葵阳图　明·文徵明

150 众人以顺境为乐，而君子乐自逆境中来；众人以拂意为忧①，而君子忧从快意处起。盖众人忧乐以情，而君子忧乐以理也。

151 谢豹覆面②，犹知自愧；唐鼠易肠③，犹知自悔。盖悔愧二字，乃吾人去恶迁善之门，起死回生之路也④。人生若无此念头，便是既死之寒灰，已枯之槁木矣⑤，何处讨些生理⑥？

注释：①拂意：不如意。②谢豹：动物名，状如虾蟆，见人即以前两脚交，覆首，如羞状。见《酉阳杂俎·虫篇》。③唐鼠：《艺文类聚》卷九五引《梁州记》："羫水北羫乡山有仙人唐公房祠。……山有易肠鼠，一月三吐易其肠。束广微所谓唐鼠也。"④起死回生：把快要死的人救活。形容医术高明。也比喻把已经没有希望的事物挽救过来。元朝无名氏《博望烧屯》第一折："此人才欺管、乐，智压孙、吴，论医起死回生，论卜知凶定吉。"⑤既死之寒灰、已枯之槁木：比喻毫无生气，意气消沉。典出《庄子·齐物论》："形固可使如槁木，而心固可使如死灰乎？"⑥生理：生存的希望。

古贤诗意图之饮中八仙
明·杜堇

152 异宝奇珍①，俱是必争之器；瑰节奇行②，多冒不祥之名。总不若寻常历履，易简行藏③，可以完天地浑噩之真④，享民物和平之福。

153 福善不在杳冥⑤，即在食息起居处牖其衷⑥；祸淫不在幽渺，即在动静语默间夺其魄。可见人之精爽常通于天⑦，天之威命即寓于人，天人岂相远哉！

注释：①异宝奇珍：珍异难得的宝物。宋代胡仔《苕溪渔隐丛话后集》："嗟呼，也不乏奇珍异宝，乏识者耳。"②瑰：珍贵，珍奇。③易简：平易简约。行藏：指出处或行止。④"可以句"：汉代扬雄《法言·问神》："虞夏之《书》浑浑尔，《商书》灏灏尔，《周书》噩噩尔。"⑤杳冥：犹渺茫。⑥牖：通诱。引导，启发。衷：内心。《左传》之《僖公二十八年》《成公十三年》《襄公二十五年》《定公四年》《哀公十六年》均有"天诱其衷"一词。⑦精爽：魂魄。

古贤诗意图之茶歌　明·杜堇

闲适

竹梧消夏图　明·仇　英

154 昼闲人寂，听数声鸟语悠扬①，不觉耳根尽彻②；夜静天高，看一片云光舒卷③，顿令眼界俱空。

155 世事如棋局，不著的才是高手；人生似瓦盆，打破了方见真空。

注释：①"昼闲"二句：唐代王维《鸟鸣涧》："人闲桂花落，夜静春山空。月出惊山鸟，时鸣春涧中。"②**耳根**：耳朵。这里指耳边。《集论》卷一："何等耳根？谓四大种所造，耳识所依清静色。"③**云光舒卷**：唐代李白《寄紫阁隐者》："有时白云起，天际自舒卷。"宋代苏轼《芙蓉城》："珠帘玉案翡翠屏，云舒霞卷千俦停。"

对弈图

156 龙可豢①，非真龙；虎可搏，非真虎。故爵禄可饵荣进之辈②，决难笼淡然无欲之人③；鼎镬可及宠利之流，岂能加飘然远引之士。

157 一场闲富贵，狠狠争来，虽得还是失；百岁好光阴，忙忙过了④，纵寿亦为夭。

注释：①龙可豢：传说虞舜时有董父，能蓄龙，有功，舜赐之氏曰豢龙。②饵：引诱，诱惑；招致。荣进：这里指希冀荣升高位。③笼：包罗，包括。④忙忙：急匆匆的样子。元代郑廷玉《后庭花》："他两个忙忙如丧家之狗，急急似漏网之鱼。"

人物山水图之宁戚饭牛 清·任熊

158 高车嫌地僻,不如鱼鸟解亲人^①;
驷马喜门高^②,怎似莺花能避俗?

159 红烛烧残,万念自然灰冷;黄
梁梦破^③,一身亦似云浮。

注释:①鱼鸟解亲人:《世说新语·言语》:"简文入华林园,顾谓左右曰:'会心处不必在远。翳然林水,便自有濠、濮间想也。觉鸟兽禽鱼,自来亲人。'"②驷马:指驾一车之四马。③黄粱梦:唐沈既济《枕中记》载,卢生在邯郸旅舍中昼寝入梦,历尽荣华富贵。梦觉黄粱米饭尚未成熟。喻虚幻之事。

临泉清眺图 清·华喦

160 千载奇逢，无如好书良友；一生清福，只在碗茗炉烟。

161 困来稳睡落花前，天地即为衾枕；机息坐忘磐石上①，古今尽属蜉蝣②。

注释：①机息：机心止息，犹忘机。②蜉蝣：《诗经·曹风·蜉蝣》："蜉蝣之羽，衣裳楚楚。"《毛传》说，蜉蝣"朝生夕死"。

高士横杖图 明·陈洪绶

162 昂藏老鹤虽饥①，饮啄犹闲，肯同鸡鹜之营营竞食②？偃蹇寒松纵老③，丰标自在④，岂似桃李之灼灼争妍⑤？

163 吾人适志于花柳烂熳之时⑥，得趣于笙歌腾沸之处⑦，乃是造化之幻境，人心之荡念也。须从木落草枯之后，向声希味淡之中，觅得一些消息，才是乾坤的橐籥⑧，人物的根宗。

注释：①昂藏：气度轩昂。②营营：忙碌，纷乱错杂貌。③偃蹇：高耸貌。④丰标：风度，仪态。⑤"岂似"句：《诗经·周南·桃夭》："桃之夭夭，灼灼其华。"明代无名氏《万国来朝》第二折："春花艳艳，看红白桃李争妍。"⑥花柳烂熳：形容明媚的春天景象。五代魏承班《生查子》词："花红柳绿间晴空。"⑦笙歌腾沸：形容乐声歌声热闹非凡。宋朝吴自牧《梦粱录》："此日又有龙舟可观，都人不论贫富，倾城而出，笙歌鼎沸，鼓吹喧天。"⑧橐籥：古代冶炼用以鼓风的装备，犹今之风箱。《老子》："天地之间，其犹橐籥乎？虚而不屈，动而愈出。"比喻为动力。

杂画之幽鸟香中下街鱼花里出
清·华喦

164 静处观人事，即伊、吕之勋庸^①，夷、齐之节义^②，无非大海浮沤^③；闲中玩物情，虽木石之偏枯，鹿豕之顽蠢，总是吾性真如。

165 花开花谢春不管，拂意事休对人言^④；水暖水寒鱼自知^⑤，会心处还期独赏^⑥。

注释：①伊、吕：伊尹佐商汤，吕尚佐周武王，都是开国元勋。勋庸：功勋。②夷、齐：伯夷、叔齐。古人以之为高尚守节的典型。③浮沤：水面上的泡沫。因其易生易灭，常比喻变化无常的世事和短暂的生命。《楞严经》卷六："空生大觉中，如海一沤发。"④拂意事：不如意之事。⑤"水暖"句：明朝赵弼《蓬莱先生传》："鱼水之情，极其娱乐。"⑥会心：情意相合，知心。宋代洪迈《容斋四笔》："李太白、杜子美在布衣时，同游梁、宋，为诗酒会心之友。"

采薇图　南宋·李　唐

166 啄食之翼，善警畏而迅飞，常虞系捕之奄及①；涉境之心，宜憬觉而疾止②，须防流宕之忘归③。

167 闲观扑纸蝇，笑痴人自生障碍；静睹竞巢鹊，叹杰士空逞英雄。

注释：①虞：准备，防范。奄：覆盖，包括。②憬：醒悟。③流宕：远游，漂泊，流浪。

山鹊爱梅图 清·华喦

(168) 看破有尽身躯，万境之尘缘自息；悟入无怀境界，一轮之心月独明。

(169) 土床石枕冷家风，拥衾时梦魂亦爽；麦饭豆羹淡滋味，放箸处齿颊犹香①。

注释：①箸：筷子。

踏梯望月图 清·周慕桥

170 谈纷华而厌者，或见纷华而喜①；语淡泊而欣者②，或处淡泊而厌。须扫除浓淡之见，灭却欣厌之情，才可以忘纷华而甘淡泊也。

171 鸟惊心，花溅泪③，怀此热肝肠④，如何领取得冷风月。山写照，水传神，识吾真面目，方可摆脱得幻乾坤。

注释：①"或见"句：《史记·礼书》："出见纷华盛丽而说，入闻夫子之道而乐。"②"语淡"句：《东观汉记·郑均传》："好高老，淡泊无欲，清静自守。"③"鸟惊心"二句：语本杜甫《春望》诗："感时花溅泪，恨别鸟惊心。"④肝肠：指内心。北周庾信《小园赋》："关山则风月凄怆，陇水则肝肠断绝。"

仕女图之玉梅花下交三九　清·胡锡珪

172 富贵的一世宠荣，到死时反增了一个恋字，如负重担；贫贱得一世清苦，到死时反脱了一个厌字，如释重枷。人诚想念到此，当急回贪恋之首，而猛舒愁苦之眉矣。

173 人之有生也，如太仓之粒米①，如灼目之电光②，如悬崖之朽木，如逝海之巨波。知此者，如何不悲？如何不乐？如何看他不破而怀贪生之虑？如何看他不重而贻虚生之羞③？

注释：①太仓之粒米：也叫"太仓稊米"。《庄子·秋水》："计中国之在海内，不似稊米之在太仓乎？"太仓，大的粮仓。②电光：原为佛家语，比喻事物瞬息即逝。宋朝释普济《五灯会元》："此事如击石火，似闪电光。"③贻虚生之羞：唐代吕温《代窦中丞与襄阳于相公书》："致远之效莫彰，贻羞之责斯及。"

汉宫春晓图之乘舆

明·尤求

174 浮生可见，如梦幻泡影①，虽有象而终无。妙本难穷，谓真信灵明，虽无象而常有。

175 鹬蚌相持②，兔犬共毙③，冷觑来令人猛气全消④；鸥凫共浴，鹿豕同眠⑤，闲观去使我机心顿息⑥。

注释：①梦幻泡影：佛教认为世界中的一切，如梦中所见，如幻术变化，如水中泡影，如镜中影像，虚而不实。《金刚经》："一切有为法，如梦幻泡影。"②鹬蚌相持：鹬蚌相持不下，全为渔翁所擒。喻双方相争，第三方因而得利。故事见《战国策·燕策二》。③兔犬共毙：兔子死了，猎狗因无用了，也被杀掉。《史记·越王勾践世家》："飞鸟尽，良弓藏；狡兔死，走狗烹。"④觑：看。⑤鹿豕同眠：《孟子·尽心章句上》："舜之居深山之中，与木石居，与鹿豕游，其所以异于深山之野人者几希。"⑥机心：巧诈之心，机巧功利之心。

桐阴清梦图　明·唐　寅

176 迷则乐境成苦海[1]，如水凝为冰；悟则苦海为乐境，犹冰涣作水。可见苦乐无二境，迷悟非两心，只在一转念间耳。

177 遍阅人情，始识疏狂之足贵[2]；备尝世味，方知淡泊之为真。

注释：①苦海：佛教指尘世间的烦恼和苦难。南朝梁武帝《净业赋》："轮回火宅，沉溺苦海。"这里也可以说是无穷的苦境。宋代文天祥《春州》诗："长淮行不断，苦海望无穷。"②疏狂：豪放，不受拘束。

渔樵耕读图　清·天津杨柳青木版年画

178　地宽天高，尚觉鹏程之窄小①；
云深松老，方知鹤梦之悠闲②。

179　两个空拳握古今，握住了还当
放手；一条竹杖挑风月，挑到时也
要息肩。

注释：①鹏程：《庄子·逍遥游》："鹏之徙于南冥也，水击三千里，抟扶摇而上者九万里。"后人概括为成语"鹏程万里"。②鹤梦：元朝张翥《多丽》词："自湖上、爱梅仙远，鹤梦几时醒。"

庄生逍遥游　清·任　熊

180　阶下几点飞翠落红①，收拾来无非诗料；窗前一片浮青映日，悟人处尽是禅机②。

181　忽睹天际彩云，常疑好事皆虚事；再观山中古木③，方信闲人是福人。

松下闲吟图　南宋·无　款

182 东海水，曾闻无定波，世事何须扼腕？北邙山①，未省留闲地，人生且自舒眉。

183 天地尚无停息，日月且有盈亏，况区区人世，能事事圆满②，而时时暇逸乎？只是向忙里偷闲③，遇缺处知足，则操纵在我，作息自如，即造物不得与之论劳逸、较盈亏矣！

注释：①北邙山：在今洛阳市东北。汉魏以来，王侯贵族多葬于此，后泛称墓地。②"日月"三句：苏轼《水调歌头·明月几时有》："人有悲欢离合，月有阴晴圆缺，此事古难全。"③忙里偷闲：宋朝陈造《同陈宰黄簿游灵山八首》自注："宰云：'吾辈可谓忙里偷闲，苦中作乐。以八字为韵。'"

月出

月出图

184 心游瑰玮之编①，所以慕高远；目想清旷之域②，聊以淡繁华。于道虽非大成，于理亦为小补。

185 霜天闻鹤唳，雪夜听鸡鸣③，得乾坤清纯之气；晴空看鸟飞，活水观鱼戏，识宇宙活泼之机。

注释：①瑰玮：谓文章内容奇特，文辞壮丽。②目想：闭目凝思。晋朝潘岳《寡妇赋》："窈冥兮潜翳，心存兮目想。"③"霜天"二句：《淮南子·说山训》："鸡知将旦，鹤知夜半。"

山松群鹤图　清·颜峄

186 闲烹山茗听瓶声，炉内识阴阳之理；漫履楸枰观局戏①，手中悟生杀之机。

187 芳菲园圃看蜂忙，觑破几般尘情世态②；寂寞衡茅观燕寝③，引起一种冷趣幽思。

注释：①履：临，至。楸枰：棋盘，古时多用楸木制作，故名。②觑：看。③衡茅：衡门茅屋，简陋的居室。

石兰插手听瓶笙　清·任　熊

188 会心不在远^①，得趣不在多。盆池拳石间，便居然有万里山川之势，片言只语内^②，便宛然见千古圣贤之心，才是高士的眼界，达人的胸襟。

189 心与竹俱空，问是非何处安脚^③？貌偕松共瘦，知忧喜无由上眉。

注释：①会心不在远：语本《世说新语·言语》："简文入华林园，顾谓左右曰：'会心处不必在远。'"②片言只语：零零碎碎的话语。形容语言文字数量极少。晋代陆机《谢平原内史表》："片言只字，不关其间。"③"心与竹"二句：宋代苏轼《文与可画筼筜谷偃竹记》："故画竹，必先得成竹于胸中。"后人概括为成语"胸有成竹"，比喻做事前已经拿定主意。这里的"是非"当指主意。

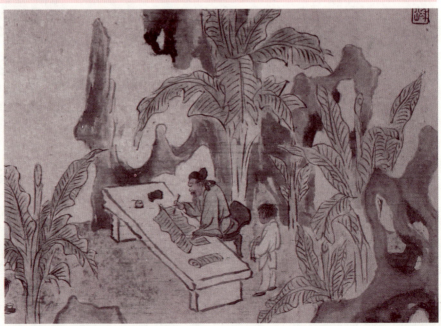

杂画之戏将蕉叶扫浓烟 清·华嵒

190 趋炎虽暖,暖后更觉寒威;食蔗虽甘,甘余便生苦趣。何似养志于清修,而炎凉不涉;栖心于淡泊①,而甘苦俱忘,其自得为更多也。

191 席拥飞花落絮,坐林中锦绣团裀②;炉烹白雪清冰,熬天上玲珑液髓。

注释:①栖心:犹寄心。诸葛亮《诫子书》:"非淡泊无以明志,非宁静无以致远。"②裀:通茵。指褥垫、毯子之类。

谢庭咏絮图·杨柳青木版年画

192 逸态闲情，惟期自尚，何事外修边幅①？清标傲骨②，不愿人怜，无劳多买胭脂。

193 天地景物，如山间之空翠，水上之涟漪，潭中之云影，草际之烟光，月下之花容，风中之柳态，若有若无，半真半幻，最足以悦人心目而豁人性灵③，真天地间一妙境也。

注释：①边幅：布帛的边缘，比喻人的衣着、仪表。《后汉书》："公孙不吐哺走迎国士，与图成败，反修饰边幅，如偶人形。"《北史·王罴传》："罴性俭率，不事边幅。"②清标：俊逸。③豁：疏通，舒展。

柳院消暑图　元·无款

194 "乐意相关禽对语,生香不断树交花"①,此是无彼无此之真机。"野色更无山隔断,天光常与水相连②",此是彻上彻下之真境。吾人时时以此景象注之心目,何患心思不活泼,气象不宽平?

195 鹤唳、雪月、霜天,想见屈大夫独醒之激烈③;鸥眠、春风、暖日,会知谢丞相高卧之风流④。

注释:①"乐意"二句:此诗句见于宋朝诗人万延年的《金乡张氏园亭》。又见于宋朝词人阳枋的词作《临江仙·涪州北岩玩易有感》。②"野色"二句:此诗句见于宋朝诗人郑獬(字毅夫)的诗作《月波楼》。③屈大夫:指屈原,他曾为楚国三闾大夫。《楚辞·渔父》屈原答渔父曰:"众人皆醉我独醒。"④谢丞相:指谢安,东晋阳夏人,士族出身,孝武帝时为宰相。曾隐居会稽,"高卧东山"。见《晋书》本传。

幽居乐事图之渔父图

明·陆治

196

huáng niǎo qíng duō   cháng xiàng mèng zhōng huàn sāo kè
黄鸟情多，常向梦中唤骚客①；

bái yún yì lǎn piān lái pì chù mèi yōu rén
白云意懒，偏来僻处媚幽人②。

197

qī chí péng hù   ěr mù suī jū   ér shén qíng
栖迟蓬户③，耳目虽拘，而神情

zì kuàng jié nà shān wēng   yí wén suī lüè ér yì
自旷；结纳山翁④，仪文虽略，而意

niàn cháng zhēn
念常真。

注释：①"黄鸟"二句：五代金昌绪《春怨》："打起黄莺儿，莫教枝上啼。啼时惊妾梦，不得到辽西。"②"白云"二句：李白《望终南山寄紫阁隐者》："有时白云起，天际自舒卷。……何当造幽人，灭迹栖绝巘。"③栖迟：游息。④结纳山翁：王维《汉江临眺》："襄阳好风日，留醉与山翁。"

弄莺图　清·王学浩

198 满室清风满几月，坐中物物见天心^①；一溪流水一山云，行处时时观妙道^②。

199 炮凤烹龙^③，放箸时与齑盐无异^④；悬金佩玉，成灰处共瓦砾何殊。

注释：①《南史·谢惠传》："入吾室者，但有清风；对吾饮者，惟当明月。"②王维《终南别业》："行到水穷处，坐看云起时。"③炮凤烹龙：形容豪奢珍奇的肴馔。炮，烹调。唐·李贺《将进酒》："烹龙炮凤玉脂泣，罗屏绣幕围香风。"④齑：用醋、酱拌和，切成碎末的菜或肉。

人物故事图之高山流水　明·仇英

200 扫地白云来，才著工夫便起障；凿池明月入，能空境界自生明。

201 造化唤作小儿①，切莫受渠戏弄；天地原为大块，须要任我炉锤。

注释：①："造化"句：《新唐书·杜审言传》："甚为造化小儿相苦，尚何言？"

坐看云起图　元·盛　懋

202 想到白骨黄泉①，壮士之肝肠自冷；坐老清溪碧嶂，俗流之胸次亦闲②。

203 夜眠八尺③，日啖二升④，何须百般计较？书读五车⑤，才分八斗⑥，未闻一日清闲。

注释：①黄泉：指地下黄泉，人死后埋葬的地方。《左传·隐公元年》："誓之曰：'不及黄泉，无相见也。'"②胸次：胸间。亦指胸怀。③八尺：北宋艾性夫《孺子亭》："不及陈蕃八尺床。"南宋陆游《初夏杂兴》："巾脱冠欹八尺床。"④啖：吃。班固《汉书·李陵传》："令军士人持二升糒，一半冰，期至遮虏鄣者相待。"二升：指有限的食物。⑤书读五车：形容书多，知识丰富。《庄子·天下》："惠施多方，其书五车。"明代沈鲸《双珠记·假恩图色》："人读五车书，偏我无一句。"⑥才分八斗：《南史·谢灵运传》："天下才共一石，曹子建独得八斗。"

拿肉遗母图　清·周慕桥

匡庐瀑布图　明·谢时臣

概

论

绿水红桥夹杏花，数间茅屋
青帘谁家主人莫拒看花客，
百看钱须不赊 唐寅

杏花仙馆图 明·唐 寅

204 君子之心事，天青日白①，不可使人不知；君子之才华，玉韫珠藏②，不可使人易知。

205 耳中常闻逆耳之言③，心中常有拂心之事④，才是进德修行之砥石⑤。若言言悦耳，事事快心，便把此生埋在鸩毒中矣⑥。

注释：①天青日白：喻指光明磊落的胸怀。②玉韫珠藏：形容才华像美玉珍珠一样藏而不露。韫，藏。《论语·子罕》："有美玉于斯，韫椟而藏诸，求善贾而沽诸？"陆机《文赋》："石韫玉而山晖，水怀珠而川媚。"③逆耳：不顺耳。晋代陈寿《三国志》："而忠臣挟难进之术，吐逆耳之言，其不合也，不亦宜乎？"④拂心：不称心。拂，违逆违背。⑤进德修行：《周易·乾》："君子进德修业。"砥石：磨刀石。此引申为磨炼，锻炼。⑥鸩毒：毒酒，毒药。《左传》："宴安鸩毒，不可怀也。"

惠山茶会图　明·文徵明

206 jí fēng nù yǔ ① ，qín niǎo qī qī ②；霁月 jì yuè
疾风怒雨①，禽鸟戚戚②；霁月

guāng fēng cǎo mù xīn xīn ④ kě jiàn tiān dì bù kě yí
光风③，草木欣欣④。可见天地不可一

rì wú hé qì rén xīn bù kě yí rì wú xǐ shén
日无和气，人心不可一日无喜神。

207 nóng féi xīn gān fēi zhēn wèi ⑤ zhēn wèi zhǐ shì
醲肥辛甘非真味⑤，真味只是

dàn ⑥ shén qí zhuó yì fēi zhì rén ⑦ zhì rén zhǐ
淡⑥；神奇卓异非至人⑦，至人只

shì cháng
是常。

注释：①疾风怒雨：即急风暴雨。疾，迅捷；怒，猛烈。《淮南子》："保谓之天？大寒甚暑，疾风暴雨，大雾冥晦，因此而变者也。"②戚戚：忧惧貌，忧伤貌。《论语·述而》："君子坦荡荡，小人长戚戚。"③霁月光风：指雨过天晴时的明净景象。霁，雨止天晴。宋朝陈亮《谢罗尚书启》："霁月光风，终然洒落。"④欣欣：草木茂盛的样子。⑤醲肥辛甘：泛指一切美味佳肴。醲，酒味浓烈；肥，脂肪多；辛，指葱蒜等蔬菜的刺激味；甘，甜味。⑥真味：天然纯正的本味。⑦至人：指在修养才能方面达到至高境界的人。

夏畦时泽图　明·周臣

208 夜深人静，独坐观心①；始觉妄穷而真独露，每于此中得大机趣②；既觉真现而妄难逃，又于此中得大惭忸③。

209 恩里由来生害④，故快意时须早回头⑤；败后或反成功，故拂心处切莫放手。

注释：①观心：即自察内心，反省自身。王维《秋夜独坐》："独坐悲双鬓，空堂欲二更。"②机趣：即妙趣。③惭忸：惭愧，不好意思。④由来：从来，往往。⑤快意：即快乐，得意。回头：即抽身，退身。

楼台夜月图　南宋·马麟

210

lí kǒu xiàn cháng zhě　　duō bīng qīng yù jié　　gǔn
藜口苋肠者①，多冰清玉洁②；衮

yī yù shí zhě　　gān bì xī nú yán　　gài zhì yǐ dàn
衣玉食者③，甘婢膝奴颜④。盖志以淡

bó míng　　ér jié cóng féi gān sàng yǐ
泊明，而节从肥甘丧矣⑤。

211

miàn qián de tián dì yào fàng de kuān　　shǐ rén wú
面前的田地要放得宽⑥，使人无

bù píng zhī tàn　　shēn hòu de huì zé yào liú de cháng
不平之叹；身后的惠泽要流得长⑦，

shǐ rén yǒu bù kuì zhī sī
使人有不匮之思⑧。

注释：①藜口苋肠：形容食用粗劣，此处喻指清贫。藜、苋，泛指贫者所食之粗劣菜蔬。唐代杜甫《崔十七》诗："三年国子师，肚肚习藜苋。"②冰清玉洁：比喻人的节操高尚纯洁。汉朝司马迁《与挚伯陵书》："伏惟伯陵才能绝人，高尚其志，以善厥身，冰清玉洁，不以细行累其名。"③衮衣玉食：形容显赫奢华的物质生活。衮衣，古代帝王及王公穿的绘有卷龙的礼服。玉食，比喻各种美味佳肴。《魏书·常景传》："锦衣玉食，可颐其形。"④甘：甘心。婢膝奴颜：谓卑躬屈膝谄媚奉承的奴才相。唐代陆龟蒙《江湖散人歌》："奴颜婢膝真乞丐，反以正直为狂痴。"⑤肥甘：指肥美的食品。⑥田地：此处喻指眼界、胸怀，亦即一个人待人处事的气度。⑦惠泽：恩泽。⑧匮：缺乏。此处为穷尽意。《诗经·大雅·既醉》："孝子不匮，永锡尔类。"后人概括为成语"孝思不匮"。

秋稔图　清·袁耀

212 　　lù jìng zhǎi chù　liú yí bù yǔ rén xíng zī
路径窄处，留一步与人行；滋
wèi nóng de　jiǎn sān fēn ràng rén cháng cǐ shì shè shì
味浓的，减三分让人尝。此是涉世
yì jí lè fǎ
一极乐法①。

213 　　zuò rén wú shèn gāo yuǎn de shì yè　bǎi tuō de
做人无甚高远的事业，摆脱得
sú qíng biàn rù míng liú　　wéi xué wú shèn zēng yì de gōng
俗情便入名流②；为学无甚增益的工
fu　jiǎn chú de wù lěi biàn zhēn shèng jìng
夫③，减除得物累便臻圣境④。

注释：①**涉世**：处世。②**俗情**：世俗人情。**名流**：此指超凡脱俗、节操高洁的人。③**为学**：做学问，治学。④**物累**：外物给予人的拖累。**臻**：到，达到。

人物图之米元章拜石　明·郭诩

214 宠利毋居人前①，德业毋落人后②；受享毋逾分外③，修持毋减分中④。

215 处世让一步为高，退步即进步的张本⑤；待人宽一分是福，利人实利己的根基。

注释：①宠利：恩宠和利益。②德业：积德的功业。③受享：接受别人的进献。享，古时指祭祀时进献的供品。分外：本分以外。④修持：修身守道。分中：犹分内。⑤张本：基础，根本，起点。

观菊图　清·戴本孝

216 盖世的功劳^①，当不得一个矜字^②；
弥天的罪过^③，当不得一个悔字。

217 完名美节，不宜独任^④，分些与
人，可以远害全身^⑤；辱行污名，不
宜全推，引些归己，可以韬光养德^⑥。

注释：①盖世：世上无人比得上。《韩非子·解老》："战易胜敌而论必盖世。"唐代李复言《续玄怪录》："其后竟以兵权静寇难，功盖天下。"②矜：自夸，骄傲。③弥天的罪过：《敦煌变文集》："虞臣计有弥天罪。"元代无名氏《谢金吾》："纵有那弥天罪，也难赎。"④独任：独自承当、占有。⑤远害全身：《梁书·袁昂传》："进则远害全身，退则长守禄位。"⑥韬光：敛藏光彩。比喻隐藏声名才华。

汉殿论功图　明·佚名

218 事事要留个有余不尽的意思①，便造物不能忌我②，鬼神不能损我③。若业必求满，功必求盈者④，不生内变，必招外忧。

219 抗心希古⑤，雄节迈伦⑥，穷且弥坚，老当益壮⑦。脱落俦侣⑧，如独象之行踪；超腾风云，若大龙之起舞。

注释：①有余不尽：有所余地，不使穷绝。②忌：忌恨。③损：折损，加害。④盈：即满。⑤抗心：谓高尚其志。希古：仰慕古人。⑥雄节：高尚的节操。迈伦：超过一般人。⑦"穷且"二句：语出《后汉书·马援传》："丈夫为志，穷且益坚，老当益壮。"⑧俦侣：伴侣，朋辈。

老骥伏枥图

220 攻人之恶毋太严，要思其堪受①；教人以善毋过高，当使其可从②。

221 粪虫至秽，变为蝉而饮露于秋风③；腐草无光，化为萤而耀采于夏月④。故知洁常自污出，明每从晦生也⑤。

注释：①堪受：能够承受。②从：跟随。此即接受。③"粪虫"二句：《埤雅》："蝉为其变蜕而禅，故曰蝉。舍卑秽，趋高洁，其禅足道也。"粪虫，生在粪土中的甲虫，因以粪为食而得名，今人俗称其为"屎壳郎"。古人以为蝉的幼虫是从这种甲虫（古称）变化而来的。秽，肮脏。④"腐草"二句：《礼记》："季夏之月，腐草为萤。"萤，萤火虫。古人以为萤火虫为腐草所生。⑤晦：暗。

窦燕山教子图·杨柳青木版年画

222 矜高倨傲^①，无非客气^②，降伏得客气下，而后正气伸；情欲意识，尽属妄心，消杀得妄心尽^③，而后真心现。

223 饱后思味，则浓淡之境都消^④；色后思淫^⑤，则男女之见尽绝^⑥。故人当以事后之悔悟破临事之痴迷，则性定而动无不正。

注释：①矜高：自高自大。倨傲：傲慢不恭。②客气：言行虚矫，不真诚为客气。③妄心：虚妄不实的念头和欲望。④浓淡之境：指享受各种美味佳肴的心境。⑤色：此作动词，指男女交欢。⑥男女之见：有关男女性爱的念头。见，念头，想法。

竹亭清远图 清·王翚

224　居轩冕之中①，不可无山林的气味；处林泉之下，须要怀廊庙的经纶②。处世不必徼功③，无过便是功；与人不求感德，无怨便是德④。

225　忧勤是美德⑤，太苦则无以适性怡情⑥；淡泊是高风⑦，太枯则无以济人利物⑧。

注释：①轩冕：古时大夫以上官员的车乘和冕服。借指官位爵禄。②廊庙：殿下屋和太庙。指朝廷。经纶：指治理国家的抱负和才能。③徼：通邀。④"与人"二句：明代儒者陈继儒说："女子无才便是德。"《诗经·小雅·谷风》："忘我大德，思我小怨。"⑤忧勤：忧虑勤劳。⑥适性怡情：调理心性，愉悦情趣。⑦高风：高尚的节操。⑧枯：此即情趣过分淡泊。济人利物：指救助别人，对世事有益。宋朝朱熹《记外大公祝公遗事》："其他济人利物之事不胜计。"

南垞灌蔬图　清·禹之鼎

226 事穷势蹙之人①，当原其初心②；功成行满之士，要观其末路③。

227 富贵家宜宽厚，而反忌刻④，是富贵而贫贱其行，如何能享？聪明人宜敛藏，而反炫耀，是聪明而愚懵其病⑤，如何不败！

注释：①事穷：事业陷入困境。势蹙：处境窘迫。②原：推究，考究。初心：本心。即最初的动机。③末路：即最后的结局。④忌刻：亦作忌克。谓心存妒忌而欲凌驾于人。亦泛指为人妒忌刻薄。⑤愚懵：亦作愚瞢。愚昧不明。

人物图　清·王树穀

228 人情反复①，世路崎岖。行不去，须知退一步之法②；行得去，务加让三分之功③。

229 待小人不难于严④，而难于不恶⑤；待君子不难于恭⑥，而难于有礼⑦。

注释：①反复：变化不定。②"行不去"二句：汉朝扬雄《法言·君子》："昔乎颜渊以退为进，天下鲜俪焉。"③功：即功德。④严：即严格要求。⑤恶：厌恶，憎恨。⑥恭：恭敬，尊敬。⑦礼：儒家先贤制定的道德规范和礼仪。其与"恭"的区别就在于适度中庸，不卑不亢。

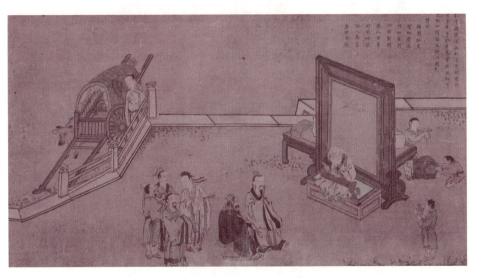

问礼老聃图·圣迹之图

230 宁守浑噩而黜聪明①，留些正气还天地；宁谢纷华而甘淡泊②，遗个清名在乾坤③。

231 降魔者先降其心④，心伏则群魔退听⑤；驭横者先驭其气⑥，气平则外横不侵⑦。

注释：①浑噩：无知无识的样子。汉代扬雄《法言·河神》："虞夏之书浑浑尔，《商书》灏灏尔，《周书》噩噩尔。"黜：摈弃。②谢：谢绝，辞谢。③遗：留下。乾坤：此处指世界人间。明朝于谦《咏石灰》："粉身碎骨全不顾，要留清白在人间。"④降魔者先降其心：佛教以为，魔为心生，故又称"心魔"，心不正便有魔鬼滋扰，故作此说。唐代杜甫《前出塞》："射人先射马，擒贼先擒王。"⑤退听：退却，听从。⑥驭：控制，制约。横：蛮横，强横。⑦外横：外来的强横、强暴。

放翁诗意图之细路僧归云外寺　清·王　翚

232 养弟子如养闺女①，最要严出入，谨交游。若一接近匪人②，是清净田中下一不净的种子③，便终身难植嘉苗矣。

233 欲路上事④，毋乐其便而姑为染指⑤，一染指便深入万仞；理路上事⑥，毋惮其难而稍为退步⑦，一退步便远隔千山⑧。

注释：①弟子：泛指晚辈，学生。②匪人：指言行品德不端正的人。③清净田：佛教术语，即清净的心田。④欲路上事：指情欲方面的事。⑤染指：参见《应酬》"而纵染指之欲"一句的注释。本谓用手指蘸鼎中鼋羹，后用为典故。比喻分取非分利益或参与做某种事情。⑥理路上事：指符合天理、世理的事。⑦惮：害怕，畏惧。⑧"一退步"句：唐代张乔《寄维阳故人诗》："离别河边绾柳条，千山万水玉人遥。"

毛师弟盗丹破五雷图·杨柳青木版年画

234 念头浓者①，自待厚②，待人亦厚，处处皆厚；念头淡者，自待薄③，待人亦薄，事事皆薄。故君子居常嗜好④，不可太浓艳，亦不宜太枯寂。

235 彼富我仁，彼爵我义⑤，君子故不为君相所牢笼⑥；人定胜天⑦，志壹动气⑧，君子亦不受造化之陶铸⑨。

注释：①念头：此指生活情趣。②厚：宽厚。③薄：苛刻、薄情。④居常：日常起居生活。⑤"彼富"二句：《孟子·公孙丑下》：孟子引曾子言曰："彼以其富，我以吾仁，彼以其爵，我以吾义，吾何慊乎哉？"爵，爵位，引申为高官厚禄。⑥君相：君子之相。⑦人定胜天：《逸周书·文传》："人强胜天。"宋朝刘过《襄阳歌》："人定兮胜天，半壁久无胡日月。"⑧志壹动气：语出《孟子·公孙丑上》："志壹则动气，气壹则动志。"原指人的志向专一便可改变消极的精神状态，此处引申为志向坚定专一就可成为撼动自然万物的物质力量。⑨陶铸：此即摆弄。

溪堂诗思图 清·王翚

236　立身不高一步立①，如尘里振衣②、泥中濯足③，如何超达？处世不退一步处，如飞蛾投烛④、羝羊触藩⑤，如何解脱？

237　学者要收拾精神并归一处，如修德而留意于事功名誉，必无实谊⑥；读书而寄兴于吟咏风雅，定不深心。

注释：①立身：端正身心。常指以正统的道德规范确立自己的行为、思想和品德。②振衣：抖衣去尘，整衣。③濯足：洗脚。④飞蛾投烛：喻自取灭亡。《梁书·到溉传》："如飞蛾之赴火，岂焚身之可吝？"⑤羝羊触藩：羝羊，即公羊，有角。藩，即樊篱。《周易·大壮》："羝羊触藩，羸其角。"喻进退两难。⑥谊：同义。

庐鸿草堂图　清·王翚

238

人人有个大慈悲①，维摩广额无二心也②；处处有种真趣味，金屋茅檐非两地也。只是欲闭情封③，当面错过，便咫尺千里矣④。

239

进德修道⑤，要个木石的念头，若一有欣羡⑥，便趋欲境⑦；济世经邦⑧，要段云水的趣味⑨，若一有贪著⑩，便堕危机。

注释：①慈悲：慈善和怜悯。②维摩：佛名，即维摩诘，释迦同时人。广额：指老子。《史记·老子列传》注曰："（老子）长耳大目，广额疏齿。"③欲闭情封：被欲望和情感所封闭。④咫尺千里：谓虽近在咫尺，却似隔千里。唐代杨炯《浮沤赋》："寸步百川，咫尺千里。"唐朝鱼玄机《隔汉江寄子安》诗："含情咫尺千里，况听家家远砧。"⑤进德修道：《周易·乾》："君子进德修业。"⑥欣羡：欣喜羡慕。⑦欲境：佛教术语，指未能断绝欲望、处于生死轮回中的"六道"（地狱、饿鬼、畜生、阿修罗、人、天）。这里引申为贪婪的思想境界。⑧济世经邦：谓治理国家。⑨云水：本指佛教僧侣的头陀行僧，即托钵化缘、云游四方。后常用以比喻四海为家、淡泊寡欲的情操。⑩贪著：亦作"贪着"。贪恋，贪嗜。

维摩演教图 南宋·无款

240 肝受病则目不能视，肾受病则耳不能听，病受于人所不见，必发于人所共见。故君子欲无得罪于昭昭①，必先无得罪于冥冥②。

241 福莫福于少事③，祸莫祸于多心。唯更事者④，方知少事之为福；唯平心者⑤，始知多心之为祸。

注释：①昭昭：明亮，光亮。此处指明显可见的地方。②冥冥：昏暗貌。此处指看不见的地方。③少事：即少起事端。④更事：经历世事。⑤平心：心情平和。

杂画之就船买得鱼偏美，踏雪游来酒更佳 清·华嵒

242
chǔ zhì shì yí fāng　chǔ luàn shì yí yuán　chǔ
处治世宜方①，处乱世宜圆②，处
shū jì zhī shì dāng fāng yuán bìng yòng　dài shàn rén yí
叔季之世当方圆并用③。待善人宜
kuān dài è rén yí yán　dài yōng zhòng zhī rén dāng kuān
宽，待恶人宜严，待庸众之人当宽
yán hù cún
严互存④。

243
wǒ yǒu gōng yú rén bù kě niàn　ér guò zé bù
我有功于人不可念，而过则不
kě bù niàn　rén yǒu ēn yú wǒ bù kě wàng　ér yuàn
可不念⑤；人有恩于我不可忘，而怨
zé bù kě bù wàng
则不可不忘。

注释：①治世：太平盛事。方：此指品行方正。②圆：圆滑。此指处事有策略。③叔季之世："叔世""季世"之合称，指国家衰乱时代。《魏书·释老志》："叔季之世，暗君乱主，莫不眩焉。"④庸众：平庸，平常。⑤过：过错。

骑驴图　明·张　路

244 心地干净，方可读书学古。不然，见一善行，窃以济私①；闻一善言，假以覆短②。是又藉寇兵而赍盗粮矣③。

245 奢者富而不足，何如俭者贫而有余。能者劳而俯怨④，何如拙者逸而全真⑤？

注释：①窃以济私：偷偷地拿来为一己之私所用。窃，偷偷地；济，帮助，利用。②假以覆短：用来遮掩自己的缺点。假，借用，利用；覆，覆盖，遮掩。③藉寇兵而赍盗粮：借给敌寇兵器，送给强盗粮食。本语出《荀子·大略》，但这里用了李斯《谏逐客书》原句："此所谓藉寇兵而赍盗粮者也。"《战国策》亦有类似的语句。藉，同借；兵，兵器；赍，送。④劳而俯怨：劳累费力却招来怨谤。俯，一作府，聚集之处。俯怨即聚集怨谤。⑤全真：保全天性。

柳塘读书图　南宋·无　款

246 读书不见圣贤①，如铅椠佣②；居官不爱子民，如衣冠盗③。讲学不尚躬行④，为口头禅⑤；立业不思种德⑥，为眼前花⑦。

247 人心有部真文章⑧，都被残编断简封锢了⑨；有部真鼓吹⑩，都被妖歌艳舞湮没了⑪。学者须扫除外物，直觅本来⑫，才有个真受用。

注释：①"读书"句：南朝刘勰《文心雕龙·情采》："圣贤书辞，总称文章。"宋朝张伦《诉衷情词》："闲中一卷圣贤书。"②铅椠佣：铅，铅粉笔；椠，木板。两者皆古人记录文字的工具。铅椠佣，意即书本的奴仆。③衣冠盗：窃取官位的强盗。衣冠，衣帽，此指士大夫的穿戴。④尚：崇尚。⑤口头禅：指不能领会禅理，只是袭用禅宗和尚的常用语作为谈话的点缀。后引申为嘴边常说而无意义的话语。⑥种德：培养品德。⑦为眼前花：唐代杜荀鹤《感春》诗："眼前花似梦中春。"⑧真文章：此处暗喻纯真的本性。⑨残编断简：北周庾信《谢滕王集序启》："至如残落简，并入尘埃。"此处暗喻各种诱惑杂念。简，竹简。⑩鼓吹：原为音乐术语，后比喻宣扬某事物。《世说新语·文学》："《三都》《两京》《五经》鼓吹。"⑪湮没：淹没，埋没。⑫本来：心性的本来面目。

赤壁图　明·仇英

248 苦心中常得悦心之趣，得意时便生失意之悲①。

249 富贵名誉自道德来者，如山林中花，自是舒徐繁衍②；自功业来者，如盆槛中花③，便有迁徙废兴；若以权力得者，如瓶钵中花，其根不植，其萎可立而待矣④。

注释：①"苦心中"二句：《史记》："酒极则乱，乐极则悲。"《淮南子》："夫物盛而衰，乐极则悲。"②舒徐：即从容自然。舒，展开；徐，缓慢。③槛：栅栏，栏杆。此指园圃。④"若以"四句：《史记·高祖本纪》："大臣内叛，诸侯外反，亡，可翘足而待也。"

春宴图 清·华嵒

250　栖守道德者，寂寞一时；依阿权势者①，凄凉万古。达人观物外之物，思身后之身，宁受一时之寂寞，毋取万古之凄凉。

251　春至时和②，花尚铺一段好色③，鸟且啭几句好音④。士君子幸列头角⑤，复遇温饱，不思立好言⑥、行好事，虽是在世百年，恰似未生一日。

注释：①依阿：曲从附顺。②时和：气候温和。③好色：美好的景色。④啭：鸟鸣。⑤士君子：泛指上层统治人物或读书人。头角：即出人头地。⑥立好言：确立良好有益的言论。为古人所谓君子"三不朽"（立德、立功、立言）之一。

春夜宴桃李园图　清·黄慎

252 学者有段兢业的心思①，又要有段潇洒的趣味。若一味敛束清苦②，是有秋杀无春生③，何以发育万物④？

253 真廉无廉名，立名者正所以为贪；大巧无巧术⑤，用术者乃所以为拙⑥。

注释：①兢业：即兢兢业业。②敛束清苦：形容处事拘谨，生活乏味。敛束，收敛，约束。③秋杀：秋天肃杀的气氛。春生：春机盎然，万物再生。④发育：催发，养育。⑤大巧：大的智巧，即真正的聪明。⑥用术：耍弄权术。《老子》："大巧若拙。"

商山四皓图 清·黄 慎

254 心体光明，暗室中有青天；念头暗昧①，白日下有厉鬼②。

255 人知名位为乐，不知无名无位之乐为最真；人知饥寒为忧，不知不饥不寒之忧为更甚。

注释：①暗昧：不光明磊落，不可告人之阴私、隐私。②"白日"句：宋朝陆游《老学庵笔记》："工、屯、虞、水，白日见鬼。"

西园雅集图　清·华嵒

256 为恶而畏人知，恶中犹有善路①；为善而急人知，善处即是恶根。

257 天之机缄不测②，抑而伸③、伸而抑，皆是播弄英雄④、颠倒豪杰处⑤。君子只是逆来顺受⑥、居安思危⑦，天亦无所用其伎俩矣⑧。

注释： ①善路：向善之路。意为变好的可能。②机缄：机关开闭。谓推动事物发生变化的力量。亦指气数，气运。缄，封闭，闭合。③抑：向下压。伸：伸展。此处意为时而使人困顿，时而使人发达。④播弄：操纵，摆布；戏弄，耍弄。⑤颠倒：意"播弄"。⑥逆来顺受：宋代无名氏《张协状元》："逆来顺受，须有通时。"⑦居安思危：《尚书·周书》："居宠思危，罔不惟畏，弗畏入畏。"《左传·襄公十一年》："《书》曰：'居安思危。思则有备，有备无患。'"⑧伎俩：手法。此为中性词。

仿韩熙载夜宴图之听乐　明·唐　寅

258 福不可徼^①，养喜神以为召福之本^②；祸不可避，去杀机以为远祸之方。

259 十语九中未必称奇^③，一语不中则愆尤骈集^④；十谋九成未必归功，一谋不成则訾议丛兴^⑤。君子所以宁默毋躁，宁拙毋巧^⑥。

注释：①徼：通邀。招致，求取。②喜神：喜悦的神情，即乐观的精神。③十语九中：元代李行道《灰阑记》："我则道嫁良人十成九稳。"明代阮大铖《燕子笺》："此是十拿九稳，必中的计较。"④愆尤：过失，罪咎。骈集：凑集，聚会。⑤訾议：即非议，批评。訾，诋毁，指责。⑥"君子"二句：《左传·襄公二十六年》："若不幸有过，宁僭不滥。"

仿韩熙载夜宴图之听琴 明·唐 寅

260 天地之气，暖则生，寒则杀①。故性气清冷者②，受享亦凉薄③。唯气和心暖之人，其福亦厚，其泽也长④。

261 天理路上甚宽⑤，稍游心⑥，胸中便觉广大宏朗⑦；人欲路上甚窄，才寄迹⑧，眼前俱是荆棘泥涂⑨。

注释：①杀：阴气肃杀。②性气：性格气质。清冷：清高冷漠。③凉薄：冷漠，淡薄。④泽：即名声，影响。⑤天理：理学术语，指先天具有的道德法则。⑥游心：潜心，留心。⑦宏朗：宽畅明亮。⑧寄迹：寄托踪迹。即涉足之意。⑨"眼前"句：元朝任昱《上小楼·隐居》曲："荆棘满途，蓬莱闲住，诸葛茅庐。"

携琴访友图　清·天津杨柳青木版年画

262 一苦一乐相磨练，练极而成福者，其福始久；一疑一信相参勘①，勘极而成知者②，其知始真。

263 地之秽者多生物，水之清者常无鱼③。故君子当存含垢纳污之量④，不可持好洁独行之操⑤。

注释：①参勘：参，参考。勘，核对；考察。②知：同智。③"水之清"句：语本《汉书·东方朔传》："水至清则无鱼，人至察则无徒。"④含垢纳污之量：即包容一切。《左传·宣公十五年》："谚曰：'高下在心，川泽纳污，山薮藏疾，瑾瑜匿瑕。'国君含垢，天之道也。"⑤"不可"句：《礼记·儒行》："其特立独行，有如此者。"特立独行本指人的志行高洁，不同流合污。这里反其意而用之。

临流读书图 明·吴伟

264　泛驾之马可就驰驱[①]，跃冶之金终归型范[②]。只一优游不振[③]，便终身无个进步。白沙云[④]："为人多病未足羞[⑤]，一生无病是吾忧[⑥]。"真确实论也。

265　人只一念贪私，便销刚为柔[⑦]，塞智为昏[⑧]，变恩为惨[⑨]，染洁为污，坏了一生人品。故古人以不贪为宝[⑩]，所以度越一世[⑪]。

注释：①泛驾：喻不受驾驭。泛，覆。②跃冶：《庄子·大宗师》："今之大冶铸金，金踊跃曰：'我且必为镆铘。'大冶必以为不祥之金。"后以"跃冶"比喻自以为能，急于求用。型范：模子。③优游不振：散漫而不自奋。④白沙：即明代哲学家陈献章，居于广东新会白沙里，因以为号。⑤病：诟病，指责。⑥"为人"二句：此语见于《白沙集·答张梧州书中议李世卿人物庄定山出处熊御史荐剡所及》。⑦销刚为柔：即把刚直化为柔弱。销，通消，化。⑧塞智为昏：阻碍才智，变得昏庸。⑨变恩为惨：变有情有义为残忍狠毒。⑩"故古人"句：《左传·襄公十五年》："宋人或得玉，献诸子罕。子罕弗受。献玉者曰：'以示玉人，玉人以为宝也，故敢献之。'"子罕曰："我以不贪为宝，尔以玉为宝，若以与我，皆丧宝也，不若人有其宝。"⑪度越：犹超过。

郊原牧马图　清·朗世宁

266 耳目见闻为外贼，情欲意识为内贼①，只是主人翁惺惺不昧②，独坐中堂，贼便化为家人矣。

267 图未就之功③，不如保已成之业；悔既往之失④，亦要防将来之非⑤。

注释：①外贼、内贼：佛教谓眼、耳、鼻、舌、身、意六者为罪孽根源，称"六根"。《释氏六帖》卷十五"六贼破家"条引《大佛名经》，以六根为"破汝善家"的"六大贼"。②惺惺：清醒貌。昧：愚昧，糊涂。③未就之功：尚未成就的功业。④失：失误，过错。⑤非：错误，过失。

仿韩熙载夜宴图之观舞　明·唐　寅

268 气象要高旷^①，而不可疏狂^②；心思要慎细，而不可琐屑；趣味要冲淡^③，而不可偏枯^④；操守要严明^⑤，而不可激烈。

269 风来疏竹^⑥，风过而竹不留声；雁度寒潭，雁去而潭不留影。故君子事来而心始现^⑦，事去而心随空。

注释：①气象：气度。②疏狂：豪放，不受拘束。③冲淡：冲和淡泊。④偏枯：偏执而枯燥。⑤严明：严正光明。⑥疏：疏理，此指风穿过竹林。⑦心：心事。

东庄图之竹园雅舍　明·沈周

270 清能有容①，仁能善断②，明不伤察③，直不过矫④，是谓蜜饯不甜、海味不咸，才是懿德⑤。

271 贫家净扫地，贫女净梳头，景色虽不艳丽⑥，气度自是风雅。士君子当穷愁寥落⑦，奈何辄自废弛哉⑧！

注释：①清能有容：清正而又能容人。②仁能善断：仁厚而又果断。③明不伤察：精明而又不失于苛求。伤察，伤于苛求。④直不过矫：耿直而又不矫枉过正。⑤懿德：美德。⑥景色：景象与容貌。⑦寥落：落寞，不得意。⑧辄：副词，反而，却。废弛：废弃懈怠。谓应施行而未施行。

松下读书图　明·吴伟

272 闲中不放过，忙中有受用①；静中不落空，动中有受用；暗中不欺隐②，明中有受用。

273 念头起处，才觉向欲路上去③，便挽回理路上来④。一起便觉，一觉便转，此是转祸为福⑤、起死回生的关头⑥，切莫当面错过。

注释：①受用：利益，好处。②欺隐：欺骗，隐瞒。③欲路：人欲之路。④理路：天理之路。⑤转祸为福：《战国策·燕策一》："圣人之制事也，转祸而为福，因败而为功。"唐代骆宾王《伐武氏檄》："倘能转祸为福，送往事居。"⑥起死回生：元朝无名氏《博望烧屯》："此人才欺管、乐，智压孙、吴，论医起死回生，论卜知凶定吉。"

杏花村图　清·天津杨柳青木版年画

274 天薄我以福①，吾厚吾德以迓之②；天劳我以形③，吾逸吾心以补之④；天厄我以遇⑤，吾亨吾道以通之⑥。天且奈我何哉！

275 真士无心徼福⑦，天即就无心处牖其衷⑧；憸人著意避祸⑨，天即就著意中夺其魄。可见天之机权最神⑩，人之智巧何益！

注释：①薄：即减损。②厚：加强，培养。迓：迎。③劳我以形：劳累我的身体。劳，劳顿，劳累；形，身体。④逸：放逸，放松。⑤厄我以遇：使我遭遇痛苦。厄，灾难，困苦；遇，际遇。⑥亨：通达，顺利。⑦徼：通邀。招致，求取。⑧牖其衷：即诱导他的内心。牖，通诱。引导，启发。衷，内心。⑨憸人：小人，奸邪的人。著意：同着意。集中注意力，用心。⑩机权：机智权谋。

绿树茅堂图 明·姚绶

276 声妓晚景从良①，一世之烟花无碍②；贞妇白头失守③，半生之清苦俱非。语云："看人只看后半截④。"真名言也。

277 平民肯种德施惠⑤，便是无位的卿相；士夫徒贪权市宠⑥，竟成有爵的乞人。

注释：①声妓：亦作"声伎"。旧时宫廷及贵族家中的歌姬舞女。晚景：晚年的境遇。从良：旧谓妓女脱离乐籍而嫁人。②烟花：妓女生涯。③贞妇：贞节之妇。④后半截：后半生，即晚年。⑤种德施惠：《淮南子·人间训》："圣王布德施惠，非求其报于百姓也。"《书·大禹谟》："皋陶迈种德，德乃降，黎民怀之。"⑥士夫：士大夫。市：购买。

杂画 明·郭诩

278　问祖宗之德泽，吾身所享者是，当念其积累之难①；问子孙之福祉，吾身所贻者是②，要思其倾覆之易③。

279　君子而诈善④，无异小人之肆恶⑤；君子而改节⑥，不若小人之自新。

注释：①"问祖宗"三句：宋朝苏洵《六国论》："思厥先祖父，暴霜露，斩荆棘，以有尺寸之地。子孙视之不甚惜，举以予人，如弃草芥。"②贻：遗留。③倾覆：此处指丧失。④诈善：假装善良。⑤肆恶：恣意作恶。⑥改节：改变节操。

江阁远眺图　明·王谔

280 家人有过，不宜暴扬①，不宜轻弃。此事难言，借他事而隐讽之②；今日不悟，俟来日而正警之③。如春风之解冻、和气之消冰，才是家庭的型范④。

281 遇艳艾于密室⑤，见遗金于旷郊，甚于两块试金石；受眉睫之横逆⑥，闻萧墙之谗诟⑦，即是他山攻玉砂⑧。

注释：①"家人"二句：宋朝释普济《五灯会元》："僧问：'化城鉴如何是各尚家风？'曰：'不欲说。'曰：'为甚如此？'曰：'家丑不外扬。'"②隐讽：用比喻、暗示的方法刺激规劝。③俟：等待。④型范：典范。⑤艳艾：美女。艾，美貌，借指美女。⑥眉睫：比喻切近。横逆：横暴无理的行为。⑦萧墙：古代宫室内作为屏障的矮墙。借指内部。⑧攻：治理，加工。砂：细碎的石粒。《诗经·小雅·鹤鸣》："他山之石，可以攻玉。"

人物图 明·郭诩

282 此心常看得圆满，天下自无缺陷之处所；此心常放得宽平，天下自无险侧之人情①。

283 淡泊之士，必为浓艳者所疑②；检饬之人③，多为放肆者所忌。君子处此，固不可少变其操履④，亦不可太露其锋芒⑤。

注释：①险侧：险恶不正。侧，倾覆。②浓艳：即物欲强烈。与上文"淡泊"相对。③检饬：即检点，谨慎。与下文"放肆"相对。④少变：稍稍改变。操履：即操行。操，操守；履，实践。⑤"亦不可"句：南朝宋范晔《后汉书·袁绍传》："瓒示枭夷，故使锋芒挫缩，厥图不果。"宋朝沈括《梦溪笔谈补》："有干将之器，不露锋芒。"

松溪钓艇图 明·史文

284 居逆境中，周身皆针砭药石①，砥节砺行而不觉②；处顺境内，满前尽兵刃戈矛，销膏靡骨而不知③。生长富贵丛中者，嗜欲如猛火④，权势似烈焰。若不带些清冷气味⑤，其火焰不至焚人，必将自焚。

285 人心一真，便霜可飞，城可陨⑥，金石可镂⑦。若伪妄之人⑧，形骸徒具⑨，真宰已亡⑩，对人则面目可憎⑪，独居则形影自愧。

注释：①针砭药石：比喻纠正不良行径、促人上进的各种外部条件。针，金针；砭，石针。皆为古代的针灸器械，后泛指金针治疗与砭石出血之疗法。药石，药物的泛称。汉朝蔡邕《郭泰碑》："若乃砥节砺行，直道正辞，贞固足以干事，隐括足以矫时。"②砥节：砥砺气节。砺：磨炼。③销膏：本指灯烛燃烧时耗费油膏。靡骨：粉身碎骨。靡，碎。④嗜欲：嗜好和欲望。⑤气味：气度，情趣。⑥"人心一真"三句：王充《论衡·感虚》："邹衍无罪，见构于燕，当夏五月，仰天而叹，天为阴霜。"又传说孟姜女哭于长城，城为之崩。⑦镂：雕刻。《荀子·劝学》："镂而不舍，金石可镂。"⑧伪妄：虚伪，狂妄。⑨形骸：指与精神相对的肉体。骸，本指骸骨，后借指身体。⑩真宰：本指天地的主宰。此处意为人的精神支柱。⑪面目可憎：唐代韩愈《送穷文》："凡所以使吾面目可憎，语言无味者，皆子之志也。"

云无心以出岫图
明·李在

286 文章做到极处①，无有他奇，只是恰好②；人品做到极处，无有他异，只是本然③。

287 以幻境言④，无论功名富贵⑤，即肢体亦属委形⑥；以真境言，无论父母兄弟，即万物皆吾一体。人能看得破，认得真，才可以任天下之负担，亦可脱世间之缰锁⑦。

注释：①极处：指最高境界。②恰好：恰到好处。③本然：即自然状态。④幻境：虚幻的境界。⑤功名富贵：唐代李白《江上吟》："功名富贵若长在，汉水亦应西北流。"⑥委形：赋予形体。《庄子·知北游》："舜曰：吾身非吾有也，孰有之哉？曰：是天地之委形也。"⑦缰锁：绳与枷锁。

鼠石图　明·朱瞻基

288 爽口之味，皆烂肠腐骨之药[①]，五分便无殃[②]；快心之事，悉败身丧德之媒[③]，五分便无悔。

289 不责人小过，不发人阴私[④]，不念人旧恶[⑤]。三者可以养德，亦可以远害。

注释：①"爽口"二句：语本枚乘《七发》："甘脆肥脓，命曰腐肠之药。"爽口，清爽可口。②五分：半数之意。③"快心"二句：《书·旅獒》："玩人丧德。"④阴私：隐秘不可告人的事。⑤不念人旧恶：《论语·公冶长》："伯夷、叔齐不念旧恶，怨是用希。"

风林观雁图 明·张路

290 天地有万古①，此身不再得②；人生只百年，此日最易过。幸生其间者，不可不知有生之乐，亦不可不怀虚生之忧③。

291 老来疾病，都是少时招的；衰时罪孽，都是盛时作的。故持盈履满④，君子尤兢兢焉⑤。

注释：①万古：即千年万代。②此身：指这一生。③虚生：虚度一生。④持盈履满：比喻居高位，处顺境。曹操《善哉行》："持满如不盈，有德者能卒。"⑤兢兢：小心谨慎貌。

东庄图 明·沈周

292　市私恩①，不如扶公议②；结新知，不如敦旧好③；立荣名，不如种阴德；尚奇节，不如谨庸行④。

293　公平正论不可犯手⑤，一犯手则贻羞万世⑥；权门私窦不可著脚⑦，一著脚则玷污终身。

注释：①市私恩：即个人施以小恩小惠。市，贩卖，交易；私恩，个人、一己之恩。②扶公议：匡扶公议。公议，公众的言论和意见，此谓公众道义。③敦：敦睦，促进。④庸行：平常的行为。庸，平常。⑤犯手：即触犯。⑥贻羞：留下羞惭、羞愧。贻，遗留。明朝王世贞《艺苑卮言》："桓玄子恒言'不能流芳百世，亦当贻臭万年'，至今为书生骂端。"⑦私窦：意为专营私利的地方。窦，孔，洞。

夷门访监图　清·吴历

294 qū yì ér shǐ rén xǐ
曲意而使人喜①，不若直节而使
rén jì
人忌②；无善而致人誉③，不如无恶而
zhì rén huǐ
致人毁。

295 chǔ fù xiōng gǔ ròu zhī biàn
处父兄骨肉之变④，宜从容，不
yí jī liè yù péng yǒu jiāo yóu zhī shī yí kǎi qiè
宜激烈；遇朋友交游之失，宜剀切⑤，
bù yí yōu yóu
不宜优游⑥。

注释：①曲意：有意违背自己的意愿。曲，歪曲，违背。②直节：即理直气壮地做人。③致：招致，招来。④父兄骨肉之变：指亲人之间发生矛盾和变故。⑤剀切：恳切规谏。⑥优游：本意为悠闲。此处指漫不经心。

秉烛夜游图 南宋·马 麟

296

xiǎo chù bù shèn lòu　　àn chù bù qī yǐn mò

小处不渗漏①，暗处不欺隐，末

lù bù dài huāng　cái shì zhēn zhèng yīng xióng

路不怠荒②，才是真正英雄。

297

jīng qí xǐ yì zhě　　zhōng wú yuǎn dà zhī shí

惊奇喜异者③，终无远大之识；

kǔ jié dú xíng zhě　　yào yǒu héng jiǔ zhī cāo

苦节独行者④，要有恒久之操。

注释：①渗漏：即疏漏。②怠荒：懈怠，疏荒。此处指丧失勇气。③惊奇喜异：指喜欢形式上的标新立异。④苦节独行：苦守名节，孤往独来。

高士会集图　明·佚名

298　当怒火欲水正腾沸时，明明知得，又明明犯着。知得是谁？犯着又是谁？此处能猛省转念，回头便为真君子矣。

299　毋偏信而为奸所欺，毋自任而为气所使①；毋以己之长而形人之短②，毋以己之拙而忌人之能。

注释：①自任：自信，自用。②形：比较，对照。

陶潜归庄图　元·何澄

300 人之短处，要曲为弥缝①，如暴而扬之②，是以短攻短；人有顽固③，要善为化诲④，如忿而疾之⑤，是以顽济顽⑥。

301 遇沉沉不语之士⑦，且莫输心⑧；见悻悻自好之人⑨，应须防口。

注释：①曲为弥缝：婉转地加以指出，使其改正。曲，迂回婉转；弥缝，弥合修补。②暴而扬之：暴怒然后抛弃。暴，暴怒；扬，抛弃。③顽固：愚妄固陋，不知变通。④化诲：感化教诲。⑤疾：厌恶，憎恨。⑥济：救助。⑦沉沉：表情阴沉的样子。⑧输心：表示真心。⑨悻悻：刚愎傲慢貌。自好：自以为美好。

辟纊图　明·周　臣

173

302 念头昏散处①，要知提醒；念头吃紧时②，要知放下。不然，恐去昏昏之病，又来憧憧之扰矣③。

303 霁日青天④，倏变为迅雷震电⑤；疾风怒雨⑥，倏转为朗月晴空。气机何尝一毫凝滞⑦？太虚何尝一毫障蔽⑧？人之心体亦当如是。

注释：①昏散：昏昧散乱。②吃紧：紧张。③憧憧：摇曳不定。此指心神不定。④霁：雨停天晴。⑤倏变：突变。倏，突然。⑥疾风怒雨：《淮南子·兵略训》："何谓隐之天？大寒甚暑，疾风暴雨，大雾冥晦，因此而变者也。"⑦气机：谓天地有规律运行的自然机能。⑧太虚：谓天空，宇宙。

盆菊幽赏图　明·沈　周

304 胜私制欲之功①，有日识不早、力不易者，有日识得破、忍不过者。盖识是一颗照魔的明珠，力是一把斩魔的慧剑，两不可少也。

305 横逆困穷②，是锻炼豪杰的一副炉锤。能受其锻炼者，则身心交益③；不受其锻炼者，则身心交损。

注释：①胜私制欲：战胜私欲，克制物欲。②横逆：犹横祸，厄运。③交：俱，皆。

江亭饯别图　明·杜　琼

306 害人之心不可有，防人之心不可无，此戒疏于虑者①；宁受人之欺，毋逆人之诈②，此警伤于察者③。二语并存，精明浑厚矣④。

307 毋因群疑而阻独见⑤，毋任己意而废人言⑥，毋私小惠而伤大体⑦，毋借公论以快私情。

注释：①疏于虑：疏于戒虑、防备。②逆：预测。③伤于察：过于警觉。伤，过度。④浑厚：纯朴，纯厚。⑤阻独见：阻碍自己的独特见解。⑥废人言：废弃他人的议论。此指不让别人发表意见。⑦大体：重要的道理。

松溪钓艇图　元·赵　雍

308 善人未能急亲①，不宜预扬②，恐来谗谮之奸③；恶人未能轻去，不宜先发④，恐招媒孽之祸⑤。

309 一翳在眼⑥，空花乱起⑦，纤尘著体⑧，杂念纷飞。了翳无花⑨，销尘绝念。

注释：①急亲：急于交好、亲近。②预扬：事先赞扬。③谗谮：恶言中伤。④先发：事先表白内心的想法。⑤媒孽：亦作媒蘖，比喻极端诬罔构陷，酿成其罪。《汉书·李陵传》："随而媒蘖其短。"⑥翳：目疾引起的障膜。⑦空花：亦作空华，佛教语。隐现于病眼者视觉中的繁花状虚影。⑧著：依附，附着。⑨了：结束，完毕。

山水图之百岁老人谈旧事　清·袁江

310 青天白日的节义①，自暗室屋漏中培来②；旋乾转坤的经纶③，从临深履薄中操出④。

311 父慈子孝、兄友弟恭，纵做到极处，俱是合当如是，著不得一毫感激的念头。如施者任德⑤，受者怀恩，便是路人，便成市道矣⑥。

注释：①"青天"句：唐朝韩愈《与崔群书》："青天白日，奴隶亦知其清明。"②暗室屋漏：指别人看不见的地方，隐私之室。宋朝张世南《游宦纪闻》卷四："至于发人隐恶，虽亏雅道，亦使暗室屋漏之下有所警。"屋漏，古代室内西北隅施设小帐，安藏神主，为人所不见的地方。《诗经》："相在尔室，尚不愧于屋漏。"《中庸》："尚不愧于屋漏。"培来：培育而来。③旋乾转坤：唐代韩愈《潮州刺史谢上表》："陛下即往以来，躬亲听断，旋乾转坤。"④临深履薄：《诗经·小雅·小旻》："战战兢兢，如临深渊，如履薄冰。"操：理出，总结。⑤任德：自任其德。即因施惠于人而有道义上的优越感。⑥市道：市井之道。

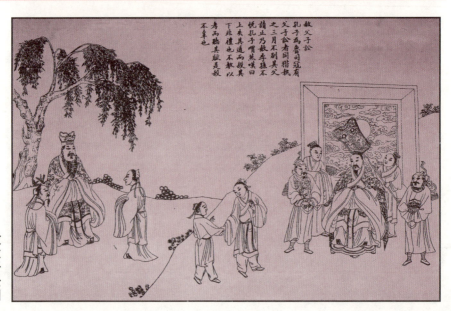

赦父子讼图

312 炎凉之态，富贵更甚于贫贱；妒忌之心，骨肉尤狠于外人。此处若不当以冷肠①，御以平气②，鲜不日坐烦恼障中矣。

313 功过不宜少混③，混则人怀惰隳之心④；恩仇不可太明，明则人起携贰之志⑤。

注释：①冷肠：即态度冷静。②御以平气：用平和之气来处理。御，驾驭。③少：稍。④惰隳：懈怠。隳通惰。⑤携贰：离心，有二心。

人物故事图册之明妃出塞　明·仇英

314 恶忌阴^①，善忌阳^②，故恶之显者祸浅，而隐者祸深；善之显者功小，而隐者功大。

315 德者才之主，才者德之奴。有才无德，如家无主而奴用事矣，几何不魍魉猖狂^③？

注释：①阴：此即隐藏、遮掩。②阳：此即暴露、张扬。③几何：如何。魍魉：古代传说中的精怪，鬼怪。

怡竹图 明·周臣

316 chú jiān dù xìng yào fàng tā yì tiáo qù lù
锄奸杜倖①，要放他一条去路。
ruò shǐ zhī yì wú suǒ róng biàn rú sāi shǔ xué zhě
若使之一无所容，便如塞鼠穴者，
yí qiè qù lù dōu sāi jìn zé yí qiè hǎo wù dū yǎo
一切去路都塞尽，则一切好物都咬
pò yǐ
破矣②。

317 shì jūn zǐ pín bù néng jì wù zhě yù rén chī
士君子贫不能济物者③，遇人痴
mí chù chū yì yán tí xǐng zhī yù rén jí nàn chù
迷处，出一言提醒之；遇人急难处④，
chū yì yán jiě jiù zhī yì shì wú liàng gōng dé
出一言解救之，亦是无量功德⑤。

注释：①杜倖：即杜绝邀宠获信之人。杜，堵塞，断绝。倖，邀宠，获信。②"若使之"四句：《史记·殷本纪》："汤出，见野张网四面，祝曰：'自天下四方，皆入吾网。'汤曰：'嘻，尽之矣！'乃去其三面。"后人概括为成语"网开一面"。又《敦煌变文集·燕子赋》："人急烧香，狗急蓦墙。"③济物者：济施财物予他人。④急难：犹危难。⑤无量：无法计算。功德：功业和德行。旧时指功劳恩德非常大。《汉书·丙吉传》："所以拥全神灵，成育圣躬，功德已无量矣。"

困铭醒世 明·《瑞世良英》

赈灾贫民 清·《养正图解》

318 处己者触事皆成药石①，尤人者动念即是戈矛②。一以辟众善之路③，一以浚诸恶之源④，相去霄壤矣⑤。

319 事业文章随身消毁，而精神万古如新；功名富贵逐世转移，而气节千载一日⑥。吾信不以彼易此也。

注释：①药石：药剂和砭石。泛指药物。②尤：责备，怪罪。③辟：开辟。④浚：疏浚，深挖。⑤霄壤：霄指天，壤指地。比喻差别很大。《抱朴子·内篇·论仙》："趋舍所尚，耳目之欲，其为不同，已有天壤之较。"⑥千载一日：千载如一日。

观瀑图 明·周臣

320　　鱼网之设，鸿则罹其中①；螳螂之贪，雀又乘其后②。机里藏机，变外生变，智巧何足恃哉③！

321　　作人无一点真恳的念头④，便成个花子⑤，事事皆虚；涉世无一段圆活的机趣⑥，便是个木人，处处有碍。

注释：①"鱼网"二句：见于《诗经·邶风·新台》："鱼网之设，鸿则离之。"意谓所得非所求。离，通罹，遭遇。
②"螳螂"二句：见于《说苑·正谏》中"螳螂捕蝉，黄雀在后"的故事。喻只见眼前利益而不顾后患。
③恃：依靠，依持。④真恳：真诚，恳切。⑤花子：指乞丐。⑥圆活：灵活。

林下鸣琴图　元·朱德润

322

有一念而犯鬼神之忌，一言而伤天地之和，一事而酿子孙之祸者，最宜切戒①。

323

事有急之不白者②，宽之或自明，毋躁急以速其忿；人有切之不从者③，纵之或自明，毋躁切以益其顽④。

注释：①切戒：务须避免。②白：清楚，明了。③切：谴责，批评。④躁切：胁迫。

人骑图　元·赵孟頫

324 节义傲青云①,文章高白雪②,若不以德性陶熔之③,终为血气之私、技能之末。

325 谢事当谢于正盛之时④,居身宜居于独后之地⑤,谨德须谨于至微之事⑥,施恩务施于不报之人。

注释:①青云:此处比喻达官显贵。②高:高洁。③陶熔:陶铸熔炼。④谢事:引退之事。苏轼《赠善相程杰》诗:"火色上腾虽有数,急流勇退岂无人。"⑤独后:即与世无争。⑥谨德:慎于德行。谨,谨慎。

花溪渔隐图　明·陆　治

326 德者事业之基，未有基不固而栋宇坚久者①；心者修行之根，未有根不植而枝叶荣茂者②。

327 道是一件公众的物事，当随人而接引③；学是一个寻常的家饭，当随事而警惕。

注释：①栋宇：泛指永恒。栋，屋梁；宇，房檐。②枝叶荣茂：明代孙柚《琴心证》："愿人间天上共效绸缪，贺郎君玉润水清，祝小姐枝繁叶茂。"③随人而接引：随着个人的本性加以引导。

红衣罗汉图 元·赵孟頫

328　xué dào zhī rén　suī yuē yǒu xīn　xīn cháng zài
学道之人，虽曰有心，心常在
dìng　fēi tóng yuán mǎ zhī wèi níng　suī yuē wú xīn
定，非同猿马之未宁①；虽曰无心，
xīn cháng zài huì　fēi tóng zhū kuài zhī bù dòng
心常在慧，非同株块之不动②。

329　niàn tou kuān hòu de　rú chūn fēng xù yù　wàn
念头宽厚的，如春风煦育③，万
wù zāo zhī ér shēng　niàn tou jì kè de　rú shuò xuě
物遭之而生；念头忌刻的④，如朔雪
yīn níng　wàn wù zāo zhī ér sǐ
阴凝⑤，万物遭之而死。

注释：①猿马：即心猿意马，喻心神不定。敦煌变文《维摩诘经·菩萨品》："卓定深沉莫测量，心猿意马罢颠狂。"②株块：木头和土块，喻无知之物。《列子·杨朱》："名者，固非实之所取也。虽称之弗知，虽赏之不知，与株块无以异矣。"③煦育：温暖催生。煦，温暖；育，发育。④忌尅：亦作忌克。谓心存妒忌而欲驾凌于人。亦泛指为人妒忌刻薄。⑤朔雪：北方的雪。阴凝：阴冷凝重。

张果见明皇图　元·任仁发

330 勤者敏于德义①，而世人借勤以济其贪；俭者淡于货利②，而世人假俭以饰其吝③。君子持身之符④，反为小人营私之具矣，惜哉！

331 人之过误宜恕，而在己则不可恕；己之困辱宜忍，而在人则不可忍。

注释：①敏：敏锐。此处有奋勉之义。②货利：财利。③饰：掩饰。④符：即符节。本为古代派遣使者或调兵时用作凭证的东西，用竹、木、玉、铜等制成，刻上文字，分成两半，一半存朝廷，一半给外任官员或出征将帅。后引申为信条、信念。

秋窗读易图 南宋·无款

332 　恩宜自淡而浓，先浓后淡者，人忘其惠；威宜自严而宽，先宽后严者，人怨其酷。

333 　士君子处权门要路①，操履要严明②，心气要和易，毋少随而近腥膻之党③，亦毋过激而犯蜂虿之毒④。

注释：①权门：权势之地。②操履：操守。③腥膻之党：比喻行为不正当之辈。腥膻，又腥又膻的气味。晋朝葛洪《抱朴子·明本》："山林之中非有道也，而为道者必入山林，诚欲远彼腥膻，而即此清净也。"④虿：蝎子一类的毒虫。《左传·僖公二十二年》："君其无谓邾小，蜂虿有毒，而况国乎？"

槐荫消夏图　南宋·无　款

334 遇欺诈的人，以诚心感动之；遇暴戾的人①，以和气薰蒸之②；遇倾邪私曲的人③，以名义气节激励之。天下无不入我陶熔中矣④。

335 一念慈祥，可以酝酿两间和气⑤；寸心洁白，可以昭垂百代清芬⑥。

注释：①暴戾：性情粗暴、乖戾。戾，乖张。②薰蒸：此为感化的意思。薰同熏，熏染。③倾邪：指为人邪僻不正。私曲：谓偏私阿曲，不公正。④陶熔：陶铸熔炼。这里指造就人的地方。五代王定保《唐摭言·述进士上》："（唐太宗）尝私幸端门，见新进士缀行而出，喜曰：'天下英雄入吾彀中矣！'"⑤两间：指天地之间。⑥昭垂：光明正大地流传。昭，明亮。

挟弹骑游图 元·赵雍

336 阴谋怪习①，异行奇能，俱是涉世的祸胎②；只一个庸德庸行③，便可以完混沌而召和平④。

337 语云："登山耐险路⑤，踏雪耐危桥。"一"耐"字极有意味。如倾险之人情⑥、坎坷之世道，若不得一"耐"字撑持过去，几何不堕入榛莽坑堑哉⑦！

注释：①怪习：怪异的习惯。②祸胎：祸根。③庸：平庸，平常。④和平：温和，平常。⑤耐：受得了，禁得住。⑥倾险：倾覆险恶。⑦榛莽：杂乱丛生的草木。喻艰危、荒乱。坑堑：沟壑山谷，喻险恶环境。

踏雪寻梅图·杨柳青木版年画

338 夸逞功业①，炫耀文章，皆是靠外物做人。不知心体莹然②，本来不失，即无寸功只字，亦自有堂堂正正做人处③。

339 不昧己心④，不拂人情，不竭物力，三者可以为天地立心，为生民立命，为后裔造福⑤。

注释：①夸逞：夸耀。《新编五代史评话·唐史》："可惜着志小气骄，夸功自大。"②莹然：本指玉石的光彩，比喻晶莹光亮。③堂堂正正：《孙子·军争》："无要正正之旗，勿击堂堂之陈，此治变者也。"④不昧己心：元代无名氏《延安府》第二折："你不将王法依，平将百姓欺，早难道寸心不昧。"⑤"三者"三句：宋张载《论语说》："为天地立心，为生民立命，为往圣继绝学，为万世开太平。"

薇省黄昏图　南宋·赵大亨

340 居官有二语①：曰惟公则生明②，惟廉则生威。居家有二语：曰惟恕则平情，惟俭则足用。

341 处安乐之场，当体患难景况；立旁观之地，要知当局苦衷；理现成之事，宜审创始艰辛。

注释：①居官：为官，做官。②惟公则生明：语出《荀子·不苟》："公生明，偏生暗。"明，正大光明。

耕织图 南宋·无 款

342

chí shēn bù kě tài gāo jié　yí qiè wū rǔ gòu
持身不可太高洁，一切污辱垢
huì yì yào rú nà　　　yǔ rén bù kě tài fēn míng　yí
秽亦要茹纳^①；与人不可太分明，一
qiè shàn è xián yú xū yào hán róng
切善恶贤愚须要涵容。

343

xiū yǔ xiǎo rén chóu chóu　xiǎo rén zì yǒu duì
休与小人仇雠^②，小人自有对
tou　xiū xiàng jūn zǐ chǎn mèi　jūn zǐ yuán wú sī huì
头；休向君子谄媚，君子原无私惠。

注释：①茹纳：容纳。茹，纳入，容纳。②仇雠：即仇恨，此指结怨。雠，同仇，对头。

竹涧焚香图 南宋·无款

344 磨砺当如百炼之金，急就者非
邃养①；施为宜似千钧之弩②，轻发者
无宏功。

345 建功立业者，多虚圆之士③；偾
事失机者④，必执拗之人。

注释：①急就：匆忙而成。邃养：精深的学养。②施为：即所作所为。③虚圆：谦虚而圆通。④偾事失机：败坏事情，丧失时机。偾，毁坏，败坏。

砺剑图 明·黄济

346 俭，美德也，过则为悭吝、为鄙啬①，反伤雅道②；让③，懿行也④，过则为足恭⑤、为曲谨⑥，多出机心。

347 毋忧拂意⑦，毋喜快心⑧，毋恃久安，毋惮初难。

注释：①悭吝、鄙啬：皆吝啬意。②雅道：即正道。③让：忍让，谦让。④懿行：善行。⑤足恭：过度谦敬，以取媚于人。足，过分。《论语》："巧言、令色、足恭，左丘明耻之，丘亦耻之。"⑥曲谨：谨小慎微。⑦拂意：不如意。⑧快心：犹称心。

人物山水图之徐雉磨镜　清·任　熊

348 仁人心地宽舒，便福厚而庆长①，事事成个宽舒气象；鄙夫念头迫促②，便禄薄而泽短，事事成个迫促规模③。

349 用人不宜刻④，刻则思效者去⑤；交友不宜滥，滥则贡谀者来⑥。

注释：①庆：幸福，吉祥。②鄙夫：庸俗浅陋的人。迫促：急促，急迫。③规模：即态度。④刻：苛刻，刻薄。⑤思效：想要效力。⑥贡谀：献媚逢迎。

人物山水图之王献之书裙　清·任　熊

350　大人不可不畏①，畏大人则无放逸之心②；小民亦不可不畏，畏小民则无豪横之名③。

351　事稍拂逆，便思不如我的人，则怨尤自消；心稍怠荒④，便思胜似我的人，则精神自奋。

注释：①大人：指有道德有声望的人或指在高位者，如王公贵族。②放逸：放纵逸乐。③豪横：强暴蛮横。④怠荒：即精神萎靡。

山径春行图　南宋·马 远

352 不可乘喜而轻诺①，不可因甘而过食，不可乘快而多事，不可因倦而鲜终②。

353 钓水③，逸事也④，尚持生杀之柄；弈棋⑤，清戏也⑥，且动战争之心。可见喜事不如省事之为适⑦，多能不如无能之全真。

注释：①轻诺：轻许诺言。②鲜终：即有始无终。鲜，少。③钓水：指钓鱼。④逸事：安乐、愉悦之事。⑤弈棋：下棋。⑥清戏：轻松的游戏。⑦喜事：即好事、多事。适：合适。

秋溪垂钓图 元·无款

354
tīng jìng yè zhī zhōng shēng huàn xǐng mèng zhōng zhī
听静夜之钟声，唤醒梦中之
mèng guān chéng tán zhī yuè yǐng kuī jiàn shēn wài
梦①；观澄潭之月影②，窥见身外
zhī shēn
之身。

355
niǎo yǔ chóng shēng zǒng shì chuán xīn zhī jué huā
鸟语虫声，总是传心之诀③；花
yīng cǎo sè wú fēi jiàn dào zhī wén xué zhě yào tiān jī
英草色④，无非见道之文。学者要天机
qīng chè xiōng cì líng lóng chù wù jiē yǒu huì xīn chù
清彻⑤，胸次玲珑⑥，触物皆有会心处。

注释：①梦中之梦：《庄子·齐物论》："方其梦也，不知其梦也，梦之中又占其梦焉，觉而后知其梦也。"②澄潭：清澈的水潭。③传心：禅宗术语，即"以心传心"。此处有心领神会意。诀：诀窍，秘诀。④花英：花朵。⑤天机：犹灵性。⑥胸次：胸间，亦指胸怀。

静听松风图 南宋·马麟

356　人解读有字书，不解读无字书①；知弹有弦琴，不知弹无弦琴。以迹用不以神用②，何以得琴书佳趣？

357　山河大地已属微尘③，而况尘中之尘；血肉身躯且归泡影④，而况影外之影。非上上智，无了了心⑤。

注释：①无字书：此指自然与人生蕴含的种种机密，因非文字所能表达，故名。下文的"无弦琴"与此同义。②迹用：表面形迹的运用。神用：无形神韵的运用。③微尘：佛教语，指极小之物。《北齐书·樊逊传》："法王自在，变化无穷，置世界于微尘，纳须弥于黍米。"④归泡影：《金刚经·应化非真分》："一切有为法，如梦幻泡影。"⑤了了心：佛教术语，指晓彻通达，没有疑碍之心。了了，明白，理解。

弹琴图　清·任　熊

358 shí huǒ guāng zhōng zhēng cháng jìng duǎn
石火光中争长竞短①，几何光
yīn wō niú jiǎo shàng jiào cí lùn xióng xǔ dà
阴？蜗牛角上较雌论雄②，许大
shì jiè
世界③？

359 yán cù yóu yú yí niàn kuān zhǎi xì zhī cùn
延促由于一念④，宽窄系之寸
xīn gù jī xián zhě yí rì yáo yú qiān gǔ yì kuān
心。故机闲者一日遥于千古⑤，意宽
zhě dǒu shì guǎng yú liǎng jiān
者斗室广于两间。

注释：①"石火"句：释道原《景德传灯录》卷二十曰："僧问：'如何是佛法大意？'……师曰：'石火电光，已经尘劫。'"石火电光，喻瞬间即逝之物。②"蜗牛"句：典出《庄子·则阳》："有国于蜗之左角者，曰触氏，有国于蜗之右角者，曰蛮氏，时相与争地而战，伏尸数万。"③许大：这般大。④延促：此指时间的长短。⑤机闲：此指能把握时间，忙里偷闲。机，活动；闲，空闲。

人物山水图之嵇康锻铁　清·任　熊

360 都来眼前事，知足者仙境，不知足者凡境；总出世上因，善用者生机①，不善用者杀机②。

361 趋炎附势之祸③，甚惨亦甚速；栖恬守逸之味④，最淡亦最长。

注释：①生机：此指有益于人和事的种种机用。②杀机：此指害人损物的种种机用。③趋炎附势：奔走权门，或奉承、依附有权势的人。炎，比喻有权势的人。《宋史·李重传》："今已老大，见大臣不公，常欲面折之。焉能趋炎附势，看人眉睫，以冀推挽乎？"④栖恬守逸：栖守恬静与安逸。

仿陆治山水人物图之庄周梦蝶　清·刘彦冲

362 色欲火炽①，而一念及病时，便兴似寒灰；名利饴甘②，而一想到死地，便味如嚼蜡③。故人常忧死虑病，亦可消幻业而长道心④。

363 争先的⑤，径路窄，退后一步自宽平一步；浓艳的⑥，滋味短，清淡一分自悠长一分。

注释：①火炽：如火一般炽热。②饴甘：如糖一般甘甜。饴，糖。③味如嚼蜡：形容毫无味道。《楞严经》卷八："当横陈时，味同嚼蜡。"④幻业：佛教术语。业，造作。佛教认为，凡有造作（包括身、语、意三业），无论是善是恶，必有果报。但这是针对下根之人说的。对上根之人而言，所有业报，既为因果而生，并无确实的自性，所以都是虚幻不实的，因而又称为幻业。道心：理学术语。指发于天理之心，与"人心"（人欲）相对。⑤争先：争强好胜的意思。⑥浓艳：此指滋味浓烈。

孙真人煎药图·杨柳青木版年画

364 隐逸林中无荣辱,道义路上泯炎凉①。

365 进步处便思退步,庶免触藩之祸②。著手时先图放手,才脱骑虎之危③。

注释:①泯:消灭。炎凉:炎是热,凉是冷。常比喻人情世态的冷暖反复。宋朝王懋《野客丛书·炎凉世态》:"炎凉世态,自古而然。"②庶免:庶几可免。触藩:比喻进退两难的困境。《易·大壮》:"羝羊触藩,羸其角。"③骑虎之危:《隋书·独孤皇后传》:"当周之宣帝崩,高祖居入禁中,总百揆,后使人谓高帝曰:'大事已然,骑虎之势不得下,勉之。'"

陆羽烹茶图　元·赵　原

366　　tān dé zhě fēn jīn hèn bù dé yù fēng gōng
贪得者,分金恨不得玉,封公
yuàn bù shòu hóu quán háo zì gān qǐ gài zhī zú zhě
怨不授侯,权豪自甘乞丐;知足者,
lí gēng zhǐ yú gāo liáng bù páo nuǎn yú hú hé biān
藜羹旨于膏粱①,布袍暖于狐貉②,编
mín bù ràng wáng gōng
民不让王公③。

367　　jīn míng bù rú táo míng qù liàn shì hé rú shěng
矜名不如逃名趣④,练事何如省
shì xián
事闲⑤。

注释:①藜羹:野菜汤。藜,一年生草本植物,属野草,嫩叶可食。旨:味美,美味。膏粱:形容菜肴珍美。膏,指肥肉;粱,指谷子。②狐貉:此指用狐貉制成的衣服。③编民:编入户籍的平民。④矜名:炫耀名声。⑤练事:谙熟世事。练,经验丰富的意思。

仕女图之荷净纳凉蚬巢　清·胡锡珪

206

368 gū yún chū xiù qù liú yì wú suǒ xì lǎng

孤云出岫①，去留一无所系；朗

jìng xuán kōng jìng zào liǎng bù xiāng gān

镜悬空②，静躁两不相干。

369 shān lín shì shèng dì yì yíng liàn biàn chéng shì cháo

山林是胜地，一营恋便成市朝③；

shū huà shì yǎ shì yì tān chī biàn chéng shāng gǔ gài

书画是雅事，一贪痴便成商贾④。盖

xīn wú rǎn zhuó sú jìng shì xiān dū xīn yǒu sī

心无染著⑤，俗境是仙都；心有丝

qiān lè jìng chéng bēi dì

牵，乐境成悲地。

注释：①孤云出岫：典出陶渊明《归去来兮辞》："云无心而出岫。"岫，峰峦。②朗镜：明镜。晋朝葛洪《西京杂记》："有方镜，广四尺，高五尺九寸，表里有明。人直来照之，影则倒见。以手扪心而来，则见肠胃五脏，历然无硋。"③营恋：沉迷流连的意思。市朝：此喻庸俗喧嚣的场所。④商贾：古时商指行商，贾指坐商。后泛指商人。⑤染著：亦作"染着"。佛教语，谓爱欲之心浸染外物，执着不离。

骊山避暑图 清·袁江

370 时当喧杂，则平日所记忆者皆漫然忘去①；境在清宁，则夙昔所遗忘者又恍尔现前②。可见静躁稍分，昏明顿异。

371 芦花被下卧雪眠云③，保全得一窝夜气④；竹叶杯中吟风弄月⑤，躲离了万丈红尘。

注释：①漫然：随意，不经意。②夙昔：过去，往日。③恍尔：恍然，忽然。③芦花被：芦花织成的被子。此处形容自然的生活情趣。④夜气：喻清明纯净的心境。语出《孟子·告子上》："梏之反复，则其夜气不足以存；夜气不足以存，则其违禽兽不远矣。"⑤竹叶杯：竹叶做成的杯子。唐代范传正《李翰林白墓志铭》："吟风弄月，席天幕地。"

人物山水图　清·罗　聘

372 出世之道即在涉世中①，不必绝人以逃世②；了心之功即在尽心内③，不必绝欲以灰心。

373 此身常放在闲处，荣辱得失谁能差遣我④？此心常安在静中，是非利害谁能瞒昧我⑤？

注释：①出世：佛教术语。本指超脱欲界，不堕生死轮回。后常喻指脱离世俗事务的隐逸生活。与下文"涉世"相对。②绝人：与人隔绝，不相往来。③了心：了悟心性之理。④差遣：此为影响、作用的意思。⑤瞒昧：隐瞒，障蔽。瞒，隐瞒；昧，暗昧。

琴书高隐图 明·仇 英

374　我不希荣①，何忧乎利禄之香饵；我不竞进②，何畏乎仕宦之危机③。

375　多藏厚亡④，故知富不如贫之无虑；高位疾颠⑤，故知贵不如贱之常安。

注释：①希荣：希求荣华。②竞进：此指孜孜以求在官场上高升。③仕宦：仕途官场。④多藏厚亡：指聚财越多，最终损失越大。《老子》四十四章："甚爱必大费，多藏必厚亡。"⑤疾颠：疾，痛恨；颠，颠覆。此指害怕丢官失势。

观瀑图　明·王谔

376 世上只缘认得"我"字太真①，故多种种嗜好、种种烦恼。前人云："不复知有我，安知物为贵②？"又云："知身不是我，烦恼更何侵？"真破的之言也③。

377 人情世态倏忽万端④，不宜认得太真。尧夫云⑤："昔日所云我，而今却是伊。不知今日我，又属后来谁⑥？"人常作如是观，便可解却胸中罥矣⑦。

注释：①缘：因为。②"不复"二句：晋朝陶渊明《饮酒》第十四："不觉知有我，安知物为贵。"③破的：本指箭射中目标，后常喻指说话恰当合用，切中要害。的，箭靶的中心。④倏忽万端：瞬息万变，难以捉摸。倏忽，形容极短的时间；万端，指头绪极多而纷繁。⑤尧夫：北宋理学家邵雍之字，邵雍精于象数之学，与周敦颐、张载、程颢、程颐，并称北宋五子，为理学的重要人物。⑥"昔日"四句：为邵雍《寄曹州李审言龙图》诗。⑦罥：牵挂。

青园图 明·沈周

378 视民为吾民,善善恶恶或不均;视民为吾心,慈善悲恶无不真。故曰天地同根,万物一体,是谓同仁。

379 有一乐境界,就有一不乐的相对待;有一好光景,就有一不好的相乘除①。只是寻常家饭、素位风光②,才是个安乐窝巢。

注释:①乘除:抵消的意思。②素位:现在所处的地位。即安于本分,不作分外之想。语出《礼记·中庸》:"君子素其位而行,不愿乎其外。"

隔水吟窗图　清·华嵒

380 知成之必败，则求成之心不必太坚^①；知生之必死，则保生之道不必过劳^②。

381 眼看西晋之荆榛^③，犹矜白刃^④；身属北邙之狐兔，尚惜黄金^⑤。语云："猛兽易伏，人心难降；溪壑易填，人心难满。"信哉！

注释：①坚：坚定。此处引申为执着。②劳：劳心。过劳意为过分费心。③"眼看"句：典出《晋书·索靖传》："靖有先识远量，知天下将乱，指洛阳宫门铜驼叹曰：'会见汝在荆棘中耳。'"荆榛：本指草木丛生。此处比喻世事纷乱。④矜白刃：意为耀武扬威。矜，夸耀；白刃，此指精良的兵器。⑤"身属"二句：用石崇典。《晋书·石崇传》谓石崇被杀之前，尚痛惜其家财将为他人所用。北邙：亦作"北芒"。即邙山，因在洛阳以北，故名。东汉、魏、晋的王侯公卿多葬于此，故后世常以代称墓地。

山水图之关山晓行图 清·王翚

382 心地上无风涛，随在皆青山绿水^①；性天中有化育^②，触处都鱼跃鸢飞^③。

383 静极则心通，言志则体会，是以会通之人，心若悬鉴，口若结舌^④，形若槁木^⑤，气若霜雪。

注释：①青山绿水：宋朝释普济《五灯会元》："问：'牛头未见四祖时如何？'师曰：'青山绿水。'曰：'见后如何？'师曰：'绿水青山。'"②化育：本为生成哺育的意思。此指善良的本性。③鱼跃鸢飞：《诗经·大雅·旱麓》："鸢飞戾天，鱼跃于渊。"④口若结舌：汉朝焦赣《易林》："杜口结舌，心中拂郁，去灾患生，莫所告冤。"⑤《庄子·齐物论》："形固可使如槁木，而心固可使如死灰乎？"

山水图之花圃春烟 清·王翚

384 狐眠败砌^①，兔走荒台^②，尽是当年歌舞之地；露冷黄花^③，烟迷衰草，悉属旧时争战之场。盛衰何常？强弱安在？念此令人心灰。

385 宠辱不惊^④，闲看庭前花开花落；去留无意^⑤，漫随天外云卷云舒。

注释：①败砌：坍塌的台阶。砌，台阶。②荒台：荒凉的亭台楼阁。③黄花：凋谢枯萎之花。④宠辱不惊：晋代潘岳《在怀县》诗："宠辱易不惊，恋本难为思。"⑤去留无意：意为对退隐和做官都不执着。去指退隐；留指居官。

放歌林居图　明·刘　珏

386 晴空朗月，何天不可翱翔，而飞蛾独投夜烛①；清泉绿竹，何物不可饮啄，而鸱鸮偏嗜腐鼠②。噫！世之不为飞蛾鸱鸮者，几何人哉！

387 游鱼不知海，飞鸟不知空，凡民不知道。是以善体道者，身若鱼鸟，心若海空，庶乎近焉。

注释：①"而飞蛾"句：《梁书·到溉传》："如飞蛾之赴火，岂焚身之可吝。"②"鸱鸮"句：典出《庄子·秋水》："鸱得腐鼠，鹓鶵过之，仰而视之曰嚇。"鸱鸮，又称鸱枭，鸟类的一种。猫头鹰就属于这一科。

山水图之江村渔乐　清·王翚

388 权贵龙骧①，英雄虎战，以冷眼视之，如蚁聚膻②，如蝇竞血；是非蜂起，得失猬兴③，以冷情当之④，如冶化金，如汤消雪。

389 真空不空⑤，执相非真，破相亦非真⑥，问世尊如何发付⑦？在世出世，徇欲是苦⑧，绝欲亦是苦，听吾侪善自修持⑨。

注释：①龙骧：像龙一样飞腾。骧，腾跃。②膻：本指羊肉的气味，此指腥臭味。《庄子·徐无鬼》："羊肉不慕蚁，蚁慕羊肉，羊肉膻也。"③猬兴：像猬刺一样杂多丛生。猬，即"刺猬"。④冷情：冷静的心态。⑤真空：佛教语，谓真如之理体远离一切迷情所见之相，杜绝"有""空"之相对，故曰真空。⑥破相：佛教语，谓破除一切妄相而直显性体。⑦世尊：佛陀的尊称。意为被人天共尊，世上无出其右。如《五灯会元》卷一载："世尊才生下，乃一手指天，一手指地，周行七步，目顾四方曰：'天上天下，唯吾独尊。'"⑧徇：通殉。依从、曲从的意思。⑨吾侪：我辈。

江干游赏图　清·华喦

390 烈士让千乘^①，贪夫争一文，人品星渊也^②，而好名不殊好利^③；天子营家国^④，乞人号饔飧^⑤，位分霄壤也，而焦思何异焦声。

391 见外境而迷者，继踵竞进，居怨府，蹈畏途，触祸机，懵然不知；见内境而悟者，拂衣独往，跻寿域^⑥，栖天真，养太和，翛然自得^⑦，高卑敻绝^⑧，何啻霄壤。

注释：①千乘：千乘之国。古时以一车四马为一乘，配甲士三人，步卒七十二人。千乘之国即是大国。②星渊：形容差别极大。③殊：差异，差别。④营：经营，管理。⑤饔飧：意为口腹生计。饔，早餐；飧，晚餐。⑥跻：升登，达到。⑦翛然：无拘无束貌，超脱貌。⑧敻绝：犹超绝。敻，高。

东山丝竹图·杨柳青木版年画

392 性天澄澈，即饥餐渴饮，无非康济身心①；心地沉迷，纵谈禅演偈②，总是播弄精魂③。

393 人心有真境④，非丝非竹而自恬愉⑤，不烟不茗而自清芬⑥。须念净境空，虑忘形释⑦，才得以游衍其中⑧。

注释：①康济：本指安民济众。此为增进健康的意思。②谈禅演偈：谈论禅的义理，发挥偈句的奥义。③播弄：摆布，摆弄。④真境：真实澄明的境地。⑤丝：指弦乐器。竹：指管乐器。《礼记·乐记》："德者，性之端也；乐者，德之华也；金石丝竹，乐之器也。"恬愉：恬静愉悦。⑥茗：茶汁。此指喝茶。⑦念净境空，虑忘形释：心念清净自觉境缘空明，杂虑不存自觉形体消释。⑧游衍：悠然游乐。

宋儒诗意图　清·华嵒

394

tiān dì zhōng wàn wù　rén lún zhōng wàn qíng　shì
天地中万物，人伦中万情[①]，世

jiè zhōng wàn shì　yǐ sú yǎn guān　fēn fēn gè yì　yǐ
界中万事，以俗眼观，纷纷各异，以

dào yǎn guān　zhǒng zhǒng shì cháng　hé xū fēn bié　hé
道眼观[②]，种种是常，何须分别？何

xū qǔ shě
须取舍？！

395

chán tuō zhǐ zài zì xīn　xīn liǎo zé tú sì zāo
缠脱只在自心[③]，心了则屠肆糟

chán jū rán jìng tǔ　bù rán　zòng yì qín yì hè
廛居然净土[④]。不然，纵一琴一鹤，

yì huā yì zhú　shì hào suī qīng　mó zhàng zhōng zài
一花一竹，嗜好虽清，魔障终在[⑤]。

yǔ yún　néng xiū chén jìng wéi zhēn jìng　wèi liǎo sēng jiā
语云："能休尘境为真境，未了僧家

shì sú jiā
是俗家[⑥]。"

注释：①人伦：此指人类社会。万情：此指世间各色人等。②道眼：佛教术语，为四眼（肉眼、天眼、道眼、法眼）之一。此指能洞察一切，辨别真妄的眼力。③缠脱：缠，缠缚；脱，解脱。④屠肆：即屠宰场所。肆，市场。糟廛：即酿酒场所。糟，酒糟；廛，房屋，场所。佛教戒杀戒酒，所以认为都是不净不洁之地。⑤魔障：佛教用语，恶魔所设的障碍。⑥"能休"二句：语出邵雍《十三日游上寺及黄涧》诗。

放翁诗意图之月明满地看梅影，

露水隔溪闻鹤声　清·王翚

396 以我转物者①，得固不喜，失亦不忧，大地尽属逍遥；以物役我者②，逆固生憎，顺亦生爱，一毫便生缠缚。

397 试思未生之前有何象貌，又思既死之后有何景色③，则万念灰冷，一性寂然④，自可超然物外而游象先⑤。

注释：①以我转物：以我为中心去推动和运用一切事物。转，此为推动、运用的意思。②以物役我：以物为中心，使我受物控制和约束。役，役使，此为控制的意思。③景色：此为境况、境遇的意思。④一性寂然：心性单纯宁静。⑤超：高超脱俗。物外：世外。宋朝苏轼《超然台记》："予弟子由适在济南，闻而赋之，且名其台曰'超然'。以见予之无所往而不乐者，盖游于物之外也。"明朝俞弁《逸老堂诗话》卷上："仿佛王维画，超然畅外情。"象：事象。

受天百禄图　清·沈铨

398
优人傅粉调朱①，效妍丑于毫端②。俄而歌残场罢，妍丑何存？弈者争先竞后③，较雌雄于指下④。俄而局散子收，雌雄安在？

399
把握未定，宜绝迹尘嚣，使心不见可欲而不乱⑤，以澄吾静体⑥；操持既坚，又当混迹风尘，使此心见可欲而亦不乱，以养吾圆机⑦。

注释：①优人：即优伶。旧时对艺人的称呼。②效妍丑：比照美丑。效，比照。妍，美丽。③弈者：棋手。④雌雄：指胜负。⑤可欲：合适诱人的物欲。可，合适。《老子》第三章："不见可欲，使民心不乱。"⑥静体：沉静的心体。⑦圆机：圆融无碍的根机。

坐中佳士，左右修竹　清·周慕桥

400 喜寂厌喧者，往往避人以求静，不知意在无人，便成我相①；心著于静，便是动根②，如何到得人我一空，动静两忘的境界？！

401 人生祸区福境，皆念想造成。故释氏云："利欲炽然，即是火坑；贪爱沉溺，便为苦海。一念清净，烈焰成池；一念惊觉，船登彼岸③。"念心稍异，境界顿殊，可不慎哉！

注释：①我相：佛教语，四相之一，指把轮回六道的自体当作真实存在的观点。《金刚经》："若菩萨有我相、人相、众生相、寿者相，即非菩萨。"②动根：动的根源。③彼岸：佛教指与现实世界（此岸）相对的净土佛国。

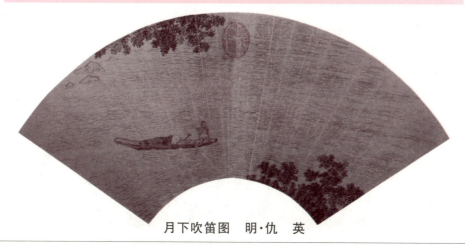

月下吹笛图　明·仇　英

402 绳锯材断，水滴石穿①，学道者须要努索②；水到渠成③，瓜熟蒂落④，得道者一任天机⑤。

403 就一身了一身者⑥，方能以万物付万物⑦；还天下于天下者，方能出世间于世间⑧。

注释：①"绳锯"二句：宋朝罗大经《鹤林玉露》第十卷："一日一钱，千日一千，绳锯木断，水滴石穿。"②努索：努力求索。③水到渠成：宋朝苏轼《答秦太虚书》："水到渠成，不须预虑。"④瓜熟蒂落：宋朝张君房《云笈七签》卷五十六："体地法天，负阴抱阳，喻瓜熟蒂落，啐啄同时。"⑤一任天机：即顺其自然。⑥一身了一身：佛教用语。即就一身了却一身。一身，即一生或一世。⑦付：托付。⑧出世间于世间：佛教用语。即在俗世之中悟出世之法。世间，即欲界，为有欲众生所居之地，包括天、人、阿修罗、畜生、地狱、饿鬼等六道。

雪渔图 清·丁观鹏

404 人生原是傀儡①，只要把柄在手，一线不乱，卷舒自由，行止在我，一毫不受他人提掇②，便超出此场中矣。

405 陆鱼不忘濡沫，笼鸟不忘理翰③，以其失常思返也。人失常而不思返，是鱼鸟之不若也。

注释：①傀儡：本指木偶戏里的木头人。常喻受人操纵的人或组织。②提掇：提取。此为控制。掇，拾取，采取。③"陆鱼"两句：语本《庄子·大宗师》："泉涸，鱼相与处于陆，相呴以湿，相濡以沫，不如相忘于江湖。"又陶渊明《归园田居》："羁鸟恋旧林，池鱼思故渊。"濡沫，用唾沫来湿润。理翰，梳理羽毛。

骷髅幻戏图 南宋·李 嵩

406 "为鼠常留饭，怜蛾纱罩灯①。"
古人此等念头，是吾人一点生生之
机，无此，即所谓土木形骸而已②。

407 世态有炎凉③，而我无嗔喜；世
味有浓淡，而我无欣厌。一毫不落
世情窠臼④，便是一在世出世法也。

注释：①"为鼠"二句：语出苏轼《次韵寄定慧钦长老》诗。②土木形骸：南朝宋刘义庆《世说新语·容止》："刘伶身长六尺，貌甚丑悴，而悠悠忽忽，土木形骸。"③世态有炎凉：宋朝文天祥《指南录》："昔趋魏公子，今世霍将军，世态炎凉甚，交情贵贱分。"④窠臼：门臼。旧式门上承受转轴的臼形小坑。比喻旧有的现成格式，老套子。宋朝吴可《学诗》："跳出少陵窠臼外，丈夫志气本冲天。"明朝胡应麟《诗薮》："初学必从此入门，庶不落小家窠臼。"

花坞醉归图 南宋·无 款

松阴抚琴图 明·史 文

携琴观瀑图　明·沈硕